山族公務員の流儀

牧慎太郎

時事通信社

はじめに

山に登ると見える景色が大きく変わる。

視点を変えてみると物事の見方も変わってくる。

昨年7月に総務省を退職するまで34年余りで県境を越える15回の転勤を繰り返し、奈良県、北九州市、島根県、北海道、兵庫県、熊本市などに勤務したが、いわゆる中央官僚とは一風変わった公務員人生を歩んできた。

幸運だったのが、私の山登りという趣味が転勤族にぴったりだったことだ。40歳で日本百名山、さらに赴任地の北海道、島根県、兵庫県、九州それぞれの百名山を踏破し、51歳で日本三百名山も完登することができた。

地元の皆さんと山頂を目指して一緒に登り、苦労の末にたどり着いた山頂で眼前に広がる大展望を満喫し、共に達成感を味わう。友情は、平等意識と共通体験から生まれるというが、何年経っても昔一緒に山に登った仲間たちとのつながりは続いている。

職務上の権限や上下関係で仕事を回そうとしても長続きしないし、ポストを離れたら縁も切れてしまう。一方、仕事でも地域を元気にしたいという同じ目標を共有して取り組めば、仲間意識が芽生えて忙しくても楽しく働ける。

この本のタイトル「山族公務員の流儀」の「山族」には、山登りが好きな転勤族という意味を込めた。「SANZOKU」という言葉のワイルドな響きと公務員という言葉の手堅いイメージの組み合わせが醸し出す独特な雰囲気が気に入っている。私の経歴（214ページ）を見ていただくと、総務省では行政局、財政局、税務局の旧自治3局すべてと消防庁、旧郵政省の情報通信政策局、旧総務庁の行政管理局……他の総務官僚に例を見ない幅広い分野を経験するとともに、外輪山をめぐるように六つの地方自治体や通産省、内閣府、独立行政法人等を渡り歩き、まさに山あり谷ありの公務員人生だった。

私は思ったことを直言する方で、忖度《そんたく》や面従腹背が得意なタイプではない。組織のために心にもないことを平然と答弁し、忖度が効いて偉くなっても最後に不祥事で辞める官僚がいる。また、遅くまで残業を強いられ、仕事にやりがいを感じられない若手官僚が次々と霞が関を去っていく。そんな官僚の姿ばかり報道されると、世のため人のためになることを考え、将来の日本を支える若者が官僚を目指そうとは思わなくなることが危惧される。

今の若者は、できるだけ転勤のない職場を選ぶという。結婚して共働きで子育てするとなれば転勤は難しい面もあるが、都会の無縁社会や閉塞的なコミュニティの中だけで一生を過ごすより、いろいろなコミュニティの皆さんと出会い、多様な価値観を持つ方が人生は豊かになるのではないか。

特に、中央省庁で大きな権限を持つ官僚の皆さんには、若いうちに東京から離れた地方の視点で仕事をしてみる経験を是非お勧めしたい。地方で現場経験を積んで国で制度を運用するという仕事の醍醐味を味わえる。

このたびの新型コロナウイルス感染拡大で東京一極集中の問題点が改めて浮き彫りとなった。6年前に政府が策定した地方創生の目標は2020年までに東京圏への人口流入に歯止めをかけることだったが、むしろ2019年までは東京圏への人口流入は拡大していた。ところが図らずも新型コロナウイルスの感染拡大で東京都の人口はピーク時から5万人以上の減少に転じた。コロナ禍が収まったとしても、この流れが昔と同じ姿に戻ることはないだろう。

霞が関にしがみつかなければ官僚は本来やりがいのあるとても面白い仕事だと思う。いわゆる霞が関の忖度官僚とは対極の公務員人生を歩んだ山好き転勤族の物語が、少しでも皆さんのお役に立つことができれば幸いである。

目次

第1章　ゼロから創る

第2章　着眼点

第3章　突破力

第4章　現場重視

第5章 試行錯誤で前進

※本書は、「ゼロから創る」「着眼点」「突破力」といったテーマごとに著者の元原稿を再構成しています。節タイトル左下に、著者の当時の所属先（例：北九州市企画局調整課）を示していますので、２１４ページの経歴と併せて参考にしてください。また、本書は各節ごとに独立したエピソードとなっています。

（時事通信出版局編集部）

第1章

ゼロから創る

第１回山の日制定記念氷ノ山縦走登山大会にて
（「登山大会で地域活性化」より）

天然温泉を掘る

北九州市企画局調整課

発端は山仲間との会話

「ここに温泉があったらいいのになぁ」

北九州市の中央部にそびえる標高622メートルの「皿倉山《さらくら》」から下りてきた私は、市役所の山仲間につぶやいた。

1991年、当時私は27歳で自治省から2回目の地方勤務で北九州市に赴任していた。企画局調整課長として働きながら、市役所の登山サークル「山歩会《さんぽ》」にも入って月1回程度のペースで近郊の山々に登っていた。

皿倉山は市街地の近くにありながら、北九州国定公園の一部に指定され、登山道も整備された山だ。JR八幡駅の方から皿倉山に登って河内湖畔に下山するのが定番のコースだった。湖畔の山麓は美しい藤棚が見られるなど、実に風光明媚《めいび》だ。しかし、当時は山麓の周辺はおろか北九州市内のどこにも天然の温泉はなかった。ここに温泉が出れば、下山後に一汗流せる絶好のポジションなのに惜しいと感じたのだ。

「山に登った後は、やっぱり温泉に限る！」

市役所の山仲間たちと盛り上がった夢のような話が、その後8年ほどかけて本当に実現するとは、私も含めまだ誰も思っていなかった。

隣県の温泉に通うぐらいなら

当時の北九州市は、隣の大分県の別府に市営の温泉保養施設を持っていたが、施設の経営は苦しく、北九州市の税金で赤字を補填《ほてん》していた。

「わざわざ公費で赤字補填をして別府の温泉保養施設に市民を送り出している現状は、いかがなものか」。市役所の会議室では、そんな議論が持ち上がっていた。

別府まで移動するための交通費を市内の温泉で飲食費に回してもらえば、域内経済にもプラスだ。別府の温泉施設が赤字だからといって、ただ単に廃止するだけでなく、その代替施設として市内に温泉施設ができれば、市営施設の廃止に対する理解も得やすいだろう。

こんな流れを頭に描いて、私は「温泉可能性調査」に向けて動き出すことにした。

ただ、もう新年度は始まっていたタイミングだ。普通の自治体なら、まずは翌年度の予算要求から始めて、事業着手まで半年以上経過してしまうところだろう。しかし、北九州市にはちょうど便利な予算があった。それが「活性化推進費」だ。これは当時の末吉興一市長が、新しいアイデアをすぐに施策化できるようにと付けた予算で、事業着手前の調査費レベルならば年度途中でも機動的に執行できる。そうした使い勝手の良い予算枠を私の課が持っていた。

まずは、少しでも市内に温泉が出る可能性はあるのかを探ってみなければ。そう考えた私は北九州の地形や地質に詳しい専門家はいないかと聞いて回った。すると北九州市立自然史博物館の太田正道館長の名が挙がったので、さっそく博物館に足を運ぶことにした。

博物館長の心強いアドバイス

「北九州市内で温泉が出る可能性はないでしょうか?」。単刀直入に聞く私に対し、太田館長は「熱を持った花崗岩と断層を狙いなさい。そうすれば、山口県の湯田温泉や佐賀県の古湯温泉のような名湯が出る可能性がある」とアドバイスしてくれた。温泉を掘り当てるキーワードは「温度」「成分」「湯量」の三つだ。

旧温泉法で基準とされていた温度は25度以上。それ未満であっても、一定の成分が含まれていれば温泉と認められていた。また、温泉施設を運営するなら相当の湯量が必要となる。

花崗岩はマグマがゆっくり冷えて固まった火成岩。地下の温度は深くなるほど、地熱により温度が上昇する。近くに火山などがなければ、一般的に地温勾配は１００メートル当たり約３度。１０００メートル掘れば30度上昇する計算で、温度の基準はクリアできる。しかも、花崗岩の中に水脈があれば、温泉成分としてラドンも期待できる。

「断層」狙って聞き込み捜査

北九州市にある洞海湾《どうかい》は、明治の日露戦争の頃から周辺に大きな工場が林立していた。地盤が固くしっかりしていて、当時の土木建築技術でも大きな高炉を建設できる土地だった。後に北九州市が四大工業地帯の一つに数えられるほどに発展した基盤には、花崗岩がむき出しになっている地質もあったのだ。

その洞海湾に露出した花崗岩は冷えてしまっているが、少し南に下って、厚い土の層に覆われた花崗岩ならまだ熱を持っている可能性がある。その南側に、あの皿倉山がある。花崗岩は山麓にかけて地表には露出していないが、地下には存在すると推定された。

そこにはラドンもたっぷり含まれているだろう。

あとは湯量だ。花崗岩は水を通しにくい火成岩であり、水が染み込む大きな裂け目がないと、温泉に使えるような大量の水を得ることはできない。ここに一抹の不安が残った。そこで頼りになったのが、太田館長の「断層を狙え」というアドバイスだった。

断層、中でもグシャッと激しく地層がずれてできる破砕帯は、大量の水を含んでいることが多い。では、北九州市内のどこに破砕帯を伴う大きな断層があるのか。市の技術系職員に聞いてみたところ、トンネル工事の記録の中にヒントがあることが分かった。

北九州市は海の近くまで山が迫っている地形のため、新幹線や高速道路はトンネル部分が多い。そのトンネルを掘る工事の途上で破砕帯にぶち当たり、ドバッと水が噴き出した地点がある。その点を結べば、地下に断層がどのように走っているか見当がつくはずだ。こうしてたどり着いたのが、皿倉山麓の河内貯水池というダム湖。八幡製鐵所《やはたせいてつじょ》の工業用水用確保のため、川の上流の大きな谷に建設された貯水池で、この谷筋を東西に横断するトンネル工事の際に湧水が多かったという記録が残されていた。

「民」も巻き込むともっと面白い

付近を調べて見ると、ちょうど老人福祉施設を廃止した跡の市有地が存在した。ここに温泉を掘るなら、新たに用地買収をする必要もない。「ツイてるぞ」と私はこぶしを握りしめた。この市有地の真下に、熱を持った花崗岩と断層があれば「ビンゴ！」だ。

地質や断層の位置を推測するには、地下の電気抵抗値を調べて画像化する「比抵抗映像法」という解析方法がある。今回の調査規模だとかかる費用は４００万円程度らしい。市単独でできなくもない額だが、せっかくなら「民」も巻き込みたい。

ちょうど私の課が窓口となり、地元企業が人を出して地域振興に取り組んでいる「北九州活性化協議会」という組織があった。そこに「市内初の温泉が出そうなので、一緒に調査をしませんか」と持ち掛けると、皆「面白そうだ」と身を乗り出して聞いてくれた。予算も４００万円を折半する程度ならと、協議会が２００万円、市が活性化推進費から２００万円を拠出することで合意できた。

実のところ、ここまでの私の動きは仕事というより趣味の延長のようなものだった。やっていて楽しく、はたから見れば遊んでいるように見えたかもしれない。でも、まずは自分が面白がらなければ物事は始まらない。晴れて調査費２００万円が付いたところから、私の動きはようやく「公認」の仕事となったのだ。

そして、皿倉山麓での調査が正式に始まった。断層があると推定される方向と直角に、東西方向に長さ１４００メートルにわたって地中に電極を打ち込み、地下の電気抵抗値を測る。ほどなく、調査結果の解析画像ができあがった。水を含んだ電気抵抗値の低い地層は青い色、電気抵抗値の高い花崗岩のような地層は赤い色で表示される。

山麓の地表近くには数百メートルの青色の分厚い層があり、電気抵抗値が低い堆積岩の地層と推定された。一方、地下深くは赤くなっていた。やはり、電気を通しにくい花崗岩のようだ。その赤色の層に切り込むように、青いラインが斜めに入っていた。花崗岩層に斜めに切れ込む断層が破砕帯となって、大量の水を含む帯水層を形成しているのだろう。その帯水層が地下1000メートル近くに達したところの真上をたどると……まさにあの市有地だった。「これならいける！」と皆、色めき立った。

財源捻出の切り札「ギャンブル調整」

次の課題は、温泉を掘る財源をどう手当てするかだ。当時の相場では、1000メートル掘るのに1億円がかかるという。

最初は、別府にある市営の温泉施設を廃止すれば、毎年の赤字補填がなくなり、跡地を売却すればそれなりの財源が生み出されるという理屈で話を進めようかと思った。しかし、赤字分を毎年足し合わせてもすぐには1億円に届かず、売却に当たって建物の除去費などもかかり、財政当局は首を縦に振らないだろう。そもそも温泉施設を管理する課は、新たに温泉を掘りたいわれわれの課とは別で、縦割りの壁を超えて簡単に予算が融通できるものではない。

そこで私は正面突破を避け、温泉施設とは縁遠い「ギャンブル」の世界に目を付けた。北九州市は、公営ギャンブルの競輪とボートレースにより多額の収益を上げていた。そのため財政が豊かだとみなされて、単独事業を実施する際の地方債の充当率を割り落としされていた。これは公務員の世界で「ギャンブル調整」と呼ばれている。

当時、市は地方債の元利償還金に地方交付税措置が講じられる「ふるさとづくり事業」という新しい制度を活用して、門司港レトロ事業などを進めているところだった。数十億円規模の事業だったので、ギャンブル調整が適用されてしまうと地方交付税の配分額も億単位で減ってしまう。

ところが、周辺の市町村に公営ギャンブルの収益金を一部配分すると、ギャンブル調整が緩和される。ギャンブル調整の緩和で地方交付税が増える分と、周辺市町村に収益金を配分した額との差額は、温泉の掘削費用を十分に捻出できる金額だった。

私がこのスキームを末吉市長に報告すると、市長は「よし、掘ってみるか！」と満面の笑みで即決してくれた。この収益金配分の背景には、北九州市の人口が１００万人を割り込みそうな状況で、周辺の市町村と合併話が出てきたときのために仲良くしておこうという思惑もあったことは、付け加えておかなければならない。

「温泉が出た!」一報は霞が関で

この後、私は94年3月末で市役所を退職し、4月から東京に戻って通産省（現在の経済産業省）で働くことになった。送別会ではホテルの大広間いっぱいに職員が集まり、満場の拍手で見送ってくれた。私は後ろ髪を引かれる思いで、「東京に戻っても温泉構想の実現を心から祈っています」とあいさつした（ちなみに、私は北九州赴任後に結婚して子どもが生まれた。「1人で来て、3人で帰るのか」と、市役所の皆さんからよく冷やかされたものだ）。

そして、北九州で温泉がコツコツと掘り進められていたとき、私は通産省の基礎産業局で北九州市に縁の深い鉄鋼、化学などの工業振興に取り組んでいた。そんなある日、北九州から元同僚が心配そうな声で電話を掛けてきた。

「牧さん、800メートルほど掘ったけれど、温度は上がっているものの水量が全然足りないんですよ……」

いくら知恵を出して捻出した財源といっても、元は税金だ。もし温泉が出なかったら責任重大だなと、冷や汗がにじんだ。とりあえず、さらに掘り進めてみるということだったので、何とか泉源に当たってほしいと祈るような気持ちで電話を切った。

それからしばらくして、再び元同僚から連絡がきた。1100メートル付近に達したところで、1日当たりプール2～3杯分のお湯が噴出したというのだ。「やった！」ほっとすると同時に心の底からうれしさが込み上げてきた。

「北九州初の温泉湧出」は新聞にも大きく取り上げられ、その後、末吉市長の号令のもと温泉施設の整備が進められた。そして2000年、風光明媚な湖畔の高台に公設民営の河内天然温泉「あじさいの湯」が開業した。

その5年ほど後、出張で北九州市を訪れる機会があり、「あじさいの湯」を見せてもらった。大きな岩の洞窟もある野趣あふれる露天風呂は、まるで桃源郷のようだった。周辺にはサイクリングターミナルや河内藤園などの観光スポットもあり、北九州国定公園に新たな魅力が加わっていた。

あじさいの湯の利用者数は、ピークの2001年度に33万人を記録。これまでの利用者は350万人以上に上っている。

皿倉山を望む北九州河内天然温泉あじさいの湯の露天風呂

隠岐島をインターネットの島に！

島根県商工労働部企業振興課

夕刊が読めない

1995年4月、通産省から島根県の商工労働部に企業振興課長として赴任した。奈良県、北九州市に続く3回目の地方勤務となる。ちょうど「ウィンドウズ95」がブームとなった年だ。それまで勤めていた通産省では、パソコンが1人1台導入されていた。インターネットを利用すれば、海外の知人とも電子メールで簡単にやりとりができ、NASAやホワイトハウスなど、さまざまなホームページも閲覧できた。これはすごいものが出現したと衝撃を受けた。

そして、時間的・距離的なハンディキャップを乗り超えるインターネットは、島根県のような大都市圏から離れた地域にとって県内産業振興の大きな切り札になると考えた。初期のインターネット接続は、いわゆるダイヤルアップ方式で回線速度が遅く、距離に応じて電話料金がかかっていた。今となっては信じ難い話だが、カラーの画像を読み込むのに１分以上かかることもあった。料金の安い深夜ならともかく、昼間に長時間利用すればとんでもない高額請求がくることになる。

３分10円の市内通話料金でかけられる範囲にアクセスポイントがあることは、インターネット利用の必須条件だった。しかし、島根県は東西に長く、同じ県内にある益田市が１２０キロメートル以上の長距離料金となり、３分間で市内通話の10倍以上かかる状況だった。まして日本海で隔てられた離島は、新聞、雑誌など紙媒体の情報すら、さらに入手が厳しかった。しかし、インターネット接続サービスのアクセスポイントが設置されれば、３分間10円の料金でインターネットが利用できるようになる。そうだ、「隠岐（ＯＫＩ）をＯＫインターネット（Ｉｎｔｅｒｎｅｔ）の島に！」こんなキャッチフレーズが頭に浮かんだ。

「世界につながるインターネット時代の象徴として隠岐島《おきのしま》にアクセスポイントをつくれないか」と、当時インターネットプロバイダー事業に参入した松江市に本社のある地元企業に打診してみた。すると、ある程度以上の契約件数がないと採算的には厳しいが、「インターネットの便利さをアピールする離島モデルとして面白いかもしれない」という反応だった。

隠岐島は、奈良時代から遠流の地として、後鳥羽《ごとば》天皇や後醍醐《ごだいご》天皇、貴族など権力闘争に敗れた都人が流された島で、住民の知的関心も高く、新しいものを受け入れる進取の気性に富み、行政と住民が協力的な土地柄だった。私は、隠岐島の商工会の若手メンバーを前にインターネットの可能性について熱く語った。そもそも離島なので都会のように多くの加入件数はなくても、加入率が確保できるのであればアクセスポイントの設置を前向きに検討したいという地元プロバイダーの意向を伝えると、それなら島内の若手みんなに声を掛けようと前向きに動き出すことになった。そして大都市圏から遠い島根のハンディキャップをインターネットで逆転したいという地元プロバイダーの心意気もあり、全国的にも早いタイミングで、県内では松江市に次いで隠岐島と益田市にアクセスポイントが設置されることになった。

それまで、隠岐島では新聞の朝刊もフェリーが到着する昼頃にしか読めず、そもそも夕刊は配達されていなかった。それが、インターネットを通じてアメリカから配信されていた全国紙の夕刊記事が読めるようになったのだ。私のところにも、「これは画期的だ！」と島の人々から喜びの声が寄せられた。

他県に先駆けてインターネットを導入

私が島根県に赴任した当時、中小企業情報センターでは通産省から補助金を受けてパソコン通信のシステムを有していた。

阪神淡路大震災でも活躍したパソコン通信だったが、外に開かれたインターネットとは大きな違いがある。パソコン通信はやめてインターネットに切り替えようと部内で提言すると、「通産省に補助金を返さなければいけなくなる」との反対論が出た。私は「インターネット上に掲示板を設置すれば、パソコン通信でやっていたことは同様にできるし、情報収集・発信の広がりが全く違う」と説得し、中小企業情報センターにもインターネットを導入した。後日談だが、当時反対していた職員からも「あのとき、インターネットを導入しておいてよかった」と言われた。

上司だった椎川忍総務部長（後の地域活性化センター理事長）もインターネット導入に積極的で、島根県は47都道府県でも一番早くインターネット上にホームページを立ち上げた。

その頃、話題だった本にアルビン・トフラー著の『第3の波』がある。農業革命、産業革命の次には情報革命の時代がくる。

農業が広がった古代出雲は発展したが、産業革命の波に乗り遅れた。だが、宍道湖《しんじ》など島根県の美しい自然と環境は守られた。「インターネットの普及は島根県にとってチャンスであり、今こそ情報革命の波に乗るべきだ！」。私は「第3の波に乗れ」と題して講演する機会があり、松江市のＪＣ（青年会議所）や商工会議所青年部のメンバーを前にこう力説した。

ソフトウェア企業団地の適地発見

過疎化の進む島根県では人口減少が大問題だったが、「これでいいのか古都松江」というシンポジウムにも登壇した。当時、松江市の人口は微増していたが、その内実は県内から大勢の若者を集め、一方で首都圏や京阪神に高校卒業後の進学や就職、大学卒業後の就職の時点で大量の若者を流出させていた。島根県全体では人口が減っていた最大の要因は、県都松江市からの若者流出であり、自らは表向き人口が減っていないため松江市に危機感が薄いことが問題だった。

かつて交通の便が悪かった時代には、地方都市に営業拠点としてさまざまな企業の支店や事務所が置かれていた。しかし、やがて地方の支店はブロックの中心となる札幌、仙台、名古屋、大阪、福岡などの政令指定都市にあれば十分ということでどんどん廃止され、能力を生かした仕事を求める若者の雇用の場が失われていた。

インターネットの普及という産業構造を変える新しい波を生かし、地元の学生が県内で働くことができ、大都市圏の大学に進学した学生がUターン就職できるよう、私は新しい産業支援機能を備え、高度な人材の雇用の受け皿となる「ソフトビジネスパーク島根」の整備と企業の誘致・育成に取り組む意義をシンポジウムで強調した。

１９８５年のプラザ合意以降、国内は円高のため、単なる加工組立型の工場はどんどんアジア諸国に流出していた。私の島根県赴任後すぐに行われた島根県知事選挙では、研究開発型企業を誘致できるような企業団地の整備が公約となっていた。ソフトウエアを開発するような企業なら距離的なハンディキャップもなく、島根県に立地してもらえるのではないか。実際、島根ワコム（現在のペンタスネット）など、いくつかＩＴ系の元気な企業が現れていた。

その頃、産業団地の誘致に名乗りを挙げていたのが松江市と東出雲町、斐川町だった。澄田信義知事と候補地を視察する際、黒塗りの車で行くと目立つし、全体像も把握しにくいので、県の防災ヘリに乗って知事と一緒に上空から三つの候補地を視察した。

山陰地方といえば北向きの斜面がイメージされるが、松江市の候補地は、島根大学の後背地に広がる宍道湖を見下ろす南向きの高台だった。近くに真山という山城跡があるが、毛利氏に攻められた尼子氏が最後に立てこもって戦った古戦場でもあり、もともと古代出雲から歴史のあるこの辺りは、掘れば文化財が出土する可能性が高い土地だ。いったん文化財が出ると発掘調査を優先しなければならず、工期が遅れるため、民間ではなかなか開発が難しいと思われていた。そんな高台の一等地が、島根大学の後背地に残されていたのだ。

当時の島根大学には新しく総合理工学部が設置され、卒業生の就職先としてもぴったりの立地だった。こうして、松江市中心部に近接し、3キロメートル圏内に日銀、島根大学、ジェトロ（日本貿易振興機構）、県庁などの都市機能が集積、産業技術センターやしまね産業振興財団などの産業支援機能も備えた企業団地が誕生した。

創業の流れを止めない！　支援制度創設

ソフトビジネスパークの整備と並行して、「新産業創出アクションプログラム」という新しい産業振興計画も策定した。

パーク内に建設される新しい島根県産業技術センターには、創業時の企業を支援するインキュベーション機能の整備も予定されていた。しかし、それが完成するまでの間も、島根県で幾つかのＩＴ企業が産声をあげ、勢いよく成長していた流れを止めず、逆に加速させなくてはいけない。県としてＩＴ企業などの創業を支援するため、創業から3年以内のベンチャー企業に対してオフィス賃料の一部を補助する制度を創設した。

この制度で支援したＩＴ企業に「オネスト」という松江市の会社がある。人事・給与システム開発などから始めた企業で、ｅコマース事業に乗り出して東京支社も置き、従業員60人以上の企業へと急成長した。

山口県の最高峰でもある寂地山にて島根百山を完登。
島根県庁や松江市役所の山仲間と一緒に

一方、成長するベンチャー企業の資金調達を支援するため島根県が7〜8割を債務保証する制度も創設したが、後にこの制度を利用した大田市のＩＴ系ベンチャー企業は破綻した。ＩＴの世界は競争や変化が激しい。しかし、挑戦を恐れてはいけないだろう。果敢な挑戦を後押しするのも行政の大切な役割だ。

その後、ソフトビジネスパーク島根には、約９００人のスタッフが在籍する日本最大級のコールセンターも立地し、また後に私が総務省で展開した地域ＳＮＳのモデル事業にも参加した松江市は、プログラミング言語「Ｒｕｂｙ」を中心としたＩＴ産業の振興にも力を入れ、数十社のＩＴ企業を誘致している。

私が人類史上初めて(!?)登った「島根百山」のリストをインターネットに載せ、島根県を後にしたのは98年3月のこと。まさに「第3の波」に乗って駆け抜けた3年間だった。

全国初の知事認定アウトドア資格制度

北海道総合企画部地域調整課

『試される大地』北海道に赴任

1999年5月、私は4回目の地方勤務として北海道に赴任した。

当時は北海道拓殖銀行の破綻が象徴するように、北海道経済はひどい状況になっていた。景気対策の補正予算が数千億規模で積み上がり、前年度の道庁の最終予算は約3兆8000億円まで大きく膨らんでいた。しかし、それだけの景気対策を打っても税収は落ち込んで回復の兆しは見られず、10パーセントの全国シェアを誇っていた公共事業も事業費削減が避けられない状況だった。

公共事業に依存しない地域活性化策はないか。

私が着任した企画部門では、「北海道スタンダード」という言葉が新規施策のキーワードになっていた。日本全国一律の基準に従うだけでなく、北海道の独自性を打ち出して地域活性化につなげようという発想だ。

この頃、リゾート型の大規模開発は道内各地で破綻していた。後に洞爺湖《とうやこ》サミットが開催されたホテルも当時は経営破綻に追い込まれ、大きな投資額を伴うスキー場やテーマパークも苦戦していた。

そこで私が着目したのは、北海道の豊かな大自然を生かしながらも、もっと人間サイズで自然に溶けこんだアウトドア体験だった。

自然の良さも危険も知るガイドを

北海道では、ゴムボートで清流を川下りするラフティングや、湖などでも体験できるカヌー、馬に乗って湿原や海岸、野山を行くトレイルライディング、そして自然をゆったり散策するネイチャートレイルなどが人気だった。

私の趣味の登山でも、北海道に九つあった日本百名山には毎年多くの登山ツアー客が本州から訪れていた。

しかし、本州ではなかなか想像しにくいことだが、北海道では7月や9月でも気圧配置によっては真冬並みの降雪や寒波に襲われることがある。

こうした厳しい気象条件を十分知らないガイドに引率された本州からの登山ツアーが、

余裕のない行程で無理をすると事故を起こしがちだ。99年9月には羊蹄山《ようていざん》でツアー客2人が凍死、2002年6月と7月には大雪山系で本州からのツアー客など3人の低体温による死亡事故が起きている。悪天候で遭難や事故があれば、救助隊をはじめ多くの人に迷惑をかけ、2次遭難につながりかねず、北海道観光にとっても大きなイメージダウンになる。

また、北海道では人を襲うどう猛なヒグマに気をつけなければいけないのはもちろん、かわいい印象のあるキタキツネも怖い病気をもたらす。そのふんと一緒に排出されたエキノコックスという寄生虫の卵を人が口から摂取すると死に至ってしまうこともある。清流だと思ってうっかり沢水をそのまま飲むのは厳禁なのだ。こうした自然界における北海道独特のノウハウを身につけたガイドの下、安全にアウトドアを楽しんでもらう必要があった。

「北海道にふさわしい」と太鼓判

そこで私が考えたのは、北海道独自のアウトドアガイドの資格制度だ。本州とは異なる北海道の厳しい気候条件、ヒグマやエキノコックスなど独自の生態系とその危険性についての知識や技能も備えたアウトドアガイドの資格を北海道知事が認定するというスキームだ。知事認定のアウトドア資格制度の創設となれば、全国初。まさに北海道らしい施策であり、アウトドア観光の振興は観光客の安全確保だけでなく、道内ガイドの雇用確保などにもつながる。

この案を堀達也知事に話すと、「北海道にふさわしいアイデアをよく思いついたね」と大いに賛同してもらった。

もちろん、課題は少なくなかった。まず、全国的な業界団体が独自の資格制度を持っているケースがあり、調整が必要ではないかとの議論があった。ただ、それらは民間の任意資格であり、その資格を持っていても北海道のことを知らない本州のガイドなら、道内で事故を起こしかねない。整備されたゲレンデを滑るスキーなどは別として、本州と自然条件が異なる分野では、むしろ独自制度が必要だということとなった。

庁内には「官から民へ（民間でできることは民間へ）」の原則論で民営化を強硬に主張する論者もいて、制度創設当初はともかく、一定期間が経てば一般社団法人などに資格制度を移してガイドからの会費収入や資格試験の受験料でやっていくべきだという。

私の考えは、少し違っていた。官に対する信頼が厚い北海道では「知事認定」という看板が大きな信用力を生み、観光客の安全確保や道内ガイドの雇用促進などの効果もある。資格制度に関連する業務は民間に委託するとしても「知事認定」の看板は外せない。

北海道知事認定のブランド力

こうして事業は予算化され、北海道アウトドア活動振興条例も制定し、山岳、自然、カヌー、ラフティング、トレイルライディングの5分野を対象としてアウトドア資格制度を創設することとなった。

大学教授や現役で活躍中のガイドを検討委員会の委員に招き、「赤レンガ電子会議室」（インターネット上に道庁が開設した掲示板）でも制度化に向けた議論をしてもらった。中には「今どき官がしゃしゃり出て資格制度を創設するなど時代錯誤だ」「年会費が高いとガイドの生計を圧迫するのではないか」「資格取得費用や年会費に見合ったメリットがあるのか」などの厳しい声もあった。

しかし、制度創設に当たっての事前説明会には大勢のガイドの方々が参加し、会場は熱気にあふれていた。やはり、実力のある本物のガイドだと北海道知事から認定されるというステイタスは大きいのだと感じた。

２００２年度から制度がスタートし、筆記と実技の試験実施にこぎつけた。また、優良事業者の登録制度も発足させた。実技試験も含めてその分野の一流のガイドが試験官を務めたので、実力のないガイドは結構振るい落とされていた。事故や不祥事を起こせば資格剥奪もあり得たので、その意味でも信頼感を得るメリットはあったのだろう。ホームページなどでも、北海道の自然環境に精通したガイドとして資格を持っていることがアピールできた。本格的なアウトドア体験や、安全を求める客に期待感・安心感を与えることが集客増にもつながった。

制度はその後、担当部局が変わってしまったり、根強く残った民営化論で一般社団法人へ資格制度の移管が検討されたり、いろいろ紆《う》余《よ》曲《きょく》折《せつ》もあったようだ。それでも、日本で唯一の知事認定資格制度であるという本筋は引き継がれ、約４００人の認定ガイドが道内各地で活躍している。

日本の面積の２割以上を占める広大なアウトドア体験のメッカ北海道だからこそ、独自のガイド資格制度が成り立つ。まさに「北海道スタンダード」と言えるのではないだろうか。

2000年７月、利尻富士にて。金曜日の夜行列車で稚内へ向かい、フェリーで島に渡って土曜日に利尻富士、日曜日に礼文岳に登り、月曜日の朝に夜行列車で札幌に帰ってくる強行軍だった

大雪山に太陽光発電のバイオトイレ

北海道総務部財政課

道議会議員とも山登り

1999年から北海道に赴任した私は、市町村長のほか自民党から民主党、公明党、共産党など各会派の道議会議員とも積極的に山に登った。それぞれ地元選挙区の山などにご一緒させていただき、道議会では全ての会派から議員が参加する超党派の「山岳議員連盟」も発足した。

北海道の財政課長として、悪化した道財政を立て直したい。山を愛する20世紀最後の日本山岳会会員として北海道の豊かな自然環境を守りたい。普段は執行部からの予算案や条例案の提案に対して反対に回ることが多い共産党の議員とも、北海道の自然環境を守り、無駄な公共事業は止めるという点では考えが一致していた。

ところで、自然環境に恵まれた北海道の山々には、一つ汚点があった。北海道の山はトイレが整備されていないところが多かったのだ。そのため避難小屋周辺などに汚物やティッシュが散乱し、美しい景観や環境を著しく害していた。また、日高山脈の幌尻《ほろしり》山荘では汲取式トイレの貯留タンクがいっぱいになると汚物を山小屋周辺に埋めていたため、周辺の水質悪化が問題となった。私が幌尻岳に登ったときには、「北海道の山メーリングリスト（ＨＹＭＬ）」の仲間たちが山荘から麓まで一斗缶で汚物を担いで下ろす究極のボランティア活動も行っていた。何もそこまでしなくてもと思ったものの、溜まった汚物をヘリで輸送するとなれば、処理費用に１００万円近い予算を要した。

解決策の一つが、利尻富士で行われていた携帯トイレの持参だった。ＨＹＭＬの仲間たちとも「全道一斉 山のトイレデー」には、携帯トイレの携行やティッシュなどの持ち帰りを促す啓発活動に取り組んだ。

ただ、目隠し用の壁で囲まれた利用スペースの設置や回収ボックスに集められた汚物の処理など課題も多く、登山者の意識に訴える啓発活動で実現できることには限りがあった。

その頃、世界遺産登録を目指していた富士山では山小屋トイレの汚物垂れ流しが深刻な問題となり、バイオトイレの実証実験が進められていた。

北海道でも登山者にとって快適で自然環境にもやさしいバイオトイレを設置できないものか。私は山に登るたびに考えていた。

バイオトイレの原理は、次のようなものだ。し尿をオガクズに吸収させて加温し、水分を蒸発させる。水分の蒸発により、し尿全体量の9割以上は減容できる。そして残り1割の固形物は微生物により分解する。水は使わないので、水の得られない山の上でも設置できる。水分の蒸発や微生物によるし尿分解のためには熱が必要だ。電線も来ていない山の上では、発電機は騒音がうるさく燃料代もかかるので、太陽光発電や風力発電を活用するのが有効だ。オガクズを撹拌《かくはん》するためトイレを使用した人に自転車式のペダルを漕いでもらう方法も考案された。私も実際に山小屋で使ったことがあるが、排せつを済ませた後、前に20回、後ろに10回ほどペダルを漕ぐ。このペダル式のバイオトイレに加えて、自然環境の中で違和感がないような建物を新設したり、太陽光パネルを設置したりすると1000万円以上の予算がかかってしまう。設置場所が標高2000メートル近い山岳地帯で、平地より設置工事費が高くつくという事情もあった。

山岳議員連盟の後押しで実現

しかし、ここで思わぬ援軍が現れた。「山岳議員連盟」の先生方だ。山岳議員連盟からの予算要望を受けて、太陽光発電によるバイオトイレ設置の予算要求が環境部局から上がってきた。

当時、北海道の財政状況は厳しく、太陽光パネルの設置までは難しいかと思われたが、太陽光発電の推進にも力強い応援団がいた。当時、高レベル放射性廃棄物の地層処分に関する研究開発施設の受け入れが議論になっていた背景もあり、できるだけ原子力発電に依存しない再生可能な自然エネルギーとして太陽光発電を推進すべきだと民主党議員らの後押しがあったのだ。

財政課の環境関係予算の担当係長は私の山仲間で、バイオトイレの必要性にも理解があった。また、ちょうど富士山のバイオトイレの実証実験に参加していた道内企業があり、環境保全や観光振興に加えて、道内企業による最先端の技術開発を支援するという効果も期待できた。北海道から全国の山岳関係者に向けて、環境面に優れた自然エネルギーを活用したバイオトイレのモデルを示す意義は大きいと考えた。

こうして2002年度予算で太陽光発電によるバイオトイレの設置が実現。03年9月、大雪山にログハウス風のバイオトイレが完成した。太陽光に加えて、風力発電も備えられた。

ちなみに、このトイレを開発した道内企業は、06年にバイオトイレで「発明大賞」を受賞。海外進出も果たし、特許技術が評価されて黄綬褒章も授与されている。

私自身も山登りの趣味が、議員との人脈づくり、そして現場の実情を知り、自然環境保護につながるプロジェクトを実現するという形で、仕事に役立つ経験となった。

兵庫県

登山大会で地域活性化

せっかくのゴールも「もったいない」

２０００年代後半、兵庫県時代の私は公私ともに充実し、山登りにもますます熱が入っていた。兵庫県は私の出身地でもあり、百山踏破を目標として、ふるさとの山々を精力的に登り続けた。

神戸・須磨から宝塚までの尾根沿い56キロメートルのコースを一日かけて縦走する「六甲全山縦走大会」では、県庁勤務時代の４回を含め、10回の完走を果たした。

毎年11月の休日に2回に分けて開催され、六甲山系の山々を幾つも越えるので累積標高差は２８００メートルに及ぶ。一般のハイカーが参加する市民登山大会としては全国で最もハードだと言われているが、全国各地から２日合わせて４０００人が参加し、ゴール地点の宝塚市を目指す。

だが、私が初めて参加したとき、ゴール地点の宝塚市では完走者に対して特に何のおかまいもなかった。早朝から56キロメートルの長い縦走路を完走した数千人の参加者は、ゴールすると重い足を引きずり、宝塚駅からそのまま帰宅する人が多かった。神戸市の主催だからなのだろうが、せっかく温泉もある宝塚市をアピールする絶好の機会なのに、本当にもったいないと思った。

「足湯と甘酒」でおもてなし

宝塚市が独自に数千人を集めるイベントを開催するとしたら大変なことだ。しかし、逆に考えると、神戸市主催のイベントが宝塚市でフィナーレを迎え、向こうから数千人がやってくるのだ。この機会を何とかして生かすことはできないか。

私は県内各地のまちづくりに熱心な人たちとの交流を進めていく中で、宝塚商工会議所関係者の前で話をする機会があった。そこには地域活動に熱心なメンバーがたくさんいて、私は懇親会の席上で六甲全山縦走大会に合わせて宝塚でも何かやってはどうかと提案してみた。

宝塚市が温泉地であることは、意外と全国に知られていない。アピールするなら、温泉。そうだ、疲れた足を癒やす「足湯」でおもてなしはどうだろうか。生姜入りの甘酒も疲れた体においしく感じるだろう――

お酒が入っていたこともあり、皆「やろうやろう」と大いに盛り上がった。07年11月には、市民有志による「ホッとな宝塚市民の会」が誕生。六甲全山縦走大会の完走者を足湯と甘酒でおもてなしする取り組みが実現した。「六甲全山縦走56㎞完走おめでとうございます!!」という横断幕も駅前に設置され、完走者が次々と記念撮影していた。

近隣の商店街も割引券を出して協力してくれ、夜の宝塚のまちに今までなかったにぎわいがもたらされた。当初数年間は兵庫県阪神北県民局の助成も付くことになった。ただ、初年度は社会人メンバーが中心となったものの、翌年以降も毎年大勢のスタッフを集めるのは大変だ。また、県民局からの助成金が切れたらイベントも終わりとなってはいけない。その後も継続していける体制づくりをと宝塚の仲間たちが探っていく中で、地元の甲子園大学のボランティア部「トリプルハート」の協力が得られた。それからは若い大学生たちが運営の中心になってくれて、この取り組みは10年以上続いている。

合併した町をつなぐ「仙人ハイク」

六甲山のほかにも、兵庫県には快適に縦走登山を楽しめるコースがいくつもある。特に北播磨《きたはりま》にある多可町《たかちょう》の千ヶ峰《せんがみね》（1005メートル）から笠形山（939メートル）

まで20キロメートルの稜線は眺望の素晴らしい縦走路だ。晴天の日には明石海峡大橋まで遠望できる。多可町の戸田善規町長と話をする機会があったとき、私は「町長のところの千ヶ峰は山頂からの眺望が素晴らしい。笠形山が南の方に見えましたが、あそこまで続く稜線を縦走したらきっと気持ちいいでしょう。縦走といえば、六甲全山縦走大会は毎年4000人が参加して、ゴールの宝塚市も足湯と甘酒のおもてなしで大いににぎわっています。これからの時代、地域活性化には登山大会は狙い目だと思いますよ」と投げ掛けてみた。すると町長は「それは良いアイデアだ」と大乗り気になってくれた。

実はこのとき、町長は多可町を売り出せる山岳イベントを模索していたようだ。3町合併で誕生した多可町では、合併前に1町だけで取り組んでいたイベントは合併後に取りやめることとされ、旧加美町の千ヶ峰マラソンも廃止されていた。しかし、千ヶ峰から笠形山までの縦走登山大会なら、旧加美町と旧八千代町にまたがる山岳イベントになる。こうして多可町の2009年度予算に仙人ハイクが盛り込まれ、09年10月25日に開催された第1回「多可町仙人ハイク」には、もちろん私も参加した。

三谷登山口からゴール地点のネイチャーパーク笠形までの距離は22キロメートルほどだが、累積標高では1700メートル登って1900メートル下るという登り応えのある本格的な縦走コースだ。私は前夜23時頃まで地元の皆さんと酒を飲んでいた割には快調に縦走でき、正午過ぎに参加者100人中4位でゴールできた。地元の皆さんによるおもてなしも充実していて、途中チェック地点で振る舞われたバナナもおいしかった。

その後も地元では良いイベントとして定着し、キャンセル待ちが出るほどの人気だと町長から聞かされていた。私が東京で地域活性化センターの事務局長をしているときに戸田町長が訪ねて来られ、「久しぶりに仙人ハイクに参加しないか」と誘われた。こうして第7回大会に参加したところ、初回の倍の200人の参加者で大盛況だった。

「山の日」に登山大会を提案

2度あることは3度あるといわれるが、私は兵庫県を離れてからも登山大会の企画を持ち込むことになった。

16年8月11日が「山の日」として国民の祝日になると決まった頃だ。全国各地で山の日制定を記念するイベントなどの開催が企画されていたので、私は兵庫県でも何かやるだろうと期待して県庁に聞いてみた。ところが、残念ながら兵庫県ではそんな動きはないとのことだった。

県にやる気がないなら、市町村に声を掛けてみよう。そうだ、あの人なら乗ってくれるに違いない……と顔が浮かんだのが、養父《やぶ》市の広瀬栄市長だった。養父市には兵庫県の最高峰、中国地方では大山に次いで2番目に高い氷ノ山《ひょうのせん》（1510メートル）がある。

当時、市は農家の高齢化や耕作放棄地の増加への対策として、企業でも農地を賃借・取得できる国家戦略特区に指定され、総務省の「地域おこし企業人」も導入していた。さっそく広瀬市長に連絡を取って、山の日制定を記念する登山大会を提案してみた。市長は判断も早く、実行力も抜群だ。市長の指示の下、市役所とやぶ市観光協会が連携し、晴れて16年8月11日、「第1回山の日制定記念　氷ノ山縦走登山大会」が実現した。

登山コースはハチ高原から県境尾根を縦走する約14キロメートルのロングコース。初回の参加者は30人ほどだったが、広瀬市長自らも参加したほか、山岳ガイドや兵庫県警の山岳救助隊、全国紙や地元紙の記者なども同行。絶好の登山日和の下、山頂からは素晴らしい展望を満喫できた。下山後は冷えたおいしいスイカが参加者に振る舞われ、帰りには配布された入浴券で関宮温泉万灯の湯にゆったりと浸かって汗を流し、充実したおもてなしに大満足の一日だった。

第2回、第3回は鳥取県と兵庫県の県境をまたぐ交流事業として開催され、大阪や奈良、滋賀、岡山、東京から各回60人以上の参加があり、19年の第4回は１００人を超えた。20年は残念ながらコロナ禍で中止されたが、私は山仲間３人で氷ノ山を周回縦走した。

多くの人々が山に登ることは、本人の心身の健康に良いだけでなく、道の駅や温泉施設の来客増などを通じて地域の活性化にもつながる。こうした登山大会が各地で継続的に開催されることを願っている。

地域おこし企業人

総務省地域力創造グループ地域自立応援課

若手社員を「2人1組」で自治体に派遣

官僚の世界で新しい制度を創設する際には、施策目的・手段の妥当性が重視される。そして財政支援措置を講じる場合には、前例や類似制度との比較考量が欠かせない。

私が総務省地域力創造グループ地域自立応援課長だった2012年度に創設した制度に、「若手企業人地域交流プログラム」がある。いわば「地域おこし協力隊」の企業版だ。

三大都市圏の企業に勤める若手社員を地域おこし協力隊のように1～3年間、定住自立圏に取り組む自治体に派遣する仕組みをつくってはどうかと考えた。思い切って大企業を辞めて地域おこし協力隊員になる若者もいたが、実際に会社をやめるとなるとハードルが高い。せっかくなら企業から組織的なバックアップも受けながら自治体に在籍出向して地域活性化に取り組む道も開けないか。その後の定住は前提としないが、任期が終わって大都市圏の企業に戻っても、その地域の応援団となってもらう。肌感覚で地方の実情を理解する人材が大都市圏の企業に戻って自治体とのパイプ役になれば両者連携による新しいプロジェクトにつながるかもしれない。さまざまな企業から地域に貢献したい人材が入れ代わり立ち代わり自治体にやってきて関係人口が広がっていくイメージだ。若い優秀な人材が大量に大都市圏の企業に就職していたが、こうした人材を逆に定住自立圏へ還流させることをねらった。中にはその地域が気に入って将来的に定住する若者も出てくるかもしれない。

制度としては、定住自立圏に取り組む自治体に異業種の若手社員を２人１組で派遣した場合、自治体の受入経費に対し１人当たり３５０万円の特別交付税措置を講じるというシンプルなものだった。ただ、これを省内で通すにはそれなりの理論武装が必要だった。

まずは施策目的と手段の妥当性だ。

当時、離島や過疎地域では地域おこし協力隊が各地で大きな成果を上げていた。東京のコンサルタントに外注した絵に描いた餅のような計画より、実際にその地域に住んで活動する人材が地域づくりに大きな力を発揮する。やはり地域活性化のためには、お金を配るより人材を入れるのが一番だということは、地域おこし協力隊の経験でよく分かっていた。

ただ、地域おこし協力隊は、隊員1人では孤立してしまうケースも見受けられた。そこで若手企業人地域交流プログラムでは、異業種2人1組の派遣とした。2人1組で派遣される異業種の若手社員同士お互い刺激になって人材育成効果も増すだろう。本人たちにとっても同業者と比べられるのは面白くないだろうし、異業種の若手人材の掛け合わせで思わぬ化学反応が起きるかもしれない。公正な職務執行を確保するため派遣元企業と請負契約を結ぶ蓋然性の高い業務には従事させないこととし、自治体と企業の癒着が生じないよう、また多様な自治体との組み合わせが生まれるよう同一企業から3年を超える連続派遣は対象外とした。また、全国各地に派遣された企業人同士の交流を図るため、合同研修会を開催するほか、Ｆａｃｅｂｏｏｋにグループをつくって情報共有にも努めることにした。

縦ラインのキーパーソンには直接説明

続いてのポイントは財政支援措置だ。

地域おこし協力隊とよく似た集落支援員という制度があり、離島や過疎地域などの条件が不利な地域で活動する人に対して、1人当たり年間350万円の交付税措置が講じられていた。

新制度でも、集落支援員と同程度の交付税措置で支援してもよいのではないか。当時の自治財政局の椎川忍局長は地域おこし協力隊の生みの親で、私が島根県財政課長だったときの総務部長。地域活性化の鍵は人材だと分かっておられたので、新制度にはすぐに賛同いただいた。ただ、局長が賛同してくれたからといっても手順はきちんと踏まなければいけない。

局長まで話が上がる前段階で課長や審議官の了解を得る必要がある。後に山口県知事となった村岡嗣政財政企画官は、私がかつて情報政策企画官だった頃の部下に当たる。村岡企画官から黒田武一郎審議官への説明は私から直接してほしいという一報が入ったので、さっそく説明に行った。

一般的に財政当局の担当者に理解が得られたからといって先方に任せておくと、あとで結果を聞いたらバッサリ切られていたということは往々にしてありがちだ。特に新しい施策について追加の説明資料を求められない場合は、問題なく通っているか、すでに見込みなしかのどちらかだ。担当者が理解してくれても、その担当者の説明能力か上司の理解力のどちらかが欠けていたら物事はうまく進まない。意思決定の縦ラインの途中のステイクホルダーに直接説明に来てほしいと言われたら、むしろチャンスと思って積極的に施策の意義を説明して省内に理解者を広げておくことが重要だ。

正式な局議の場において、説明者が予想していなかった鋭い質問で詰められ倒れたりしたら、復活は相当難しくなる。キーパーソンには、事前に個別に理解を得ておくことが大切だ。この人に話を通すのは難しいと思われている人の理解が得られれば、その後はむしろスムーズに物事は進むものだ。

こうして省内の理解も得て財政支援措置は固まった。あとはどのように企業から優秀な若手社員を出してもらえるかだ。まずは、地域活性化センターに事務局が置かれていたＪＯＩＮ（移住・交流推進機構）の会員企業に声を掛けたが、北九州市や通産省に勤務した頃からの人脈も役に立った。信頼できる人間関係があれば、たとえ直接の返事がイエスではなくても、こうした条件なら検討の余地があるとか、別の有望な相手先を紹介してくれるなど、親身になって協力してもらい、大いに助けられた。

まずは業界2番手、3番手に声掛け

業界別にいうと、まずはシェアナンバーワンの業界最大手の企業より、２番手、３番手に声を掛ける方が話は進む。一番手の企業は成功するかどうか分からない国の新制度に乗って初年度にリスクを取らなくても、うまく行った場合は2年目から乗ればよいからだ。初年度に同業者が成果を上げれば、遅れまいと乗ってくれる可能性が高まる。旅行業界やＩＴベンダーでも初年度は一番の老舗や自治体シェアがナンバーワンの企業は参加を見送ったが、他企業が初年度から参加して成果を上げているのを見て、翌年度からはむしろ積極的に協力してくれた。

そして、話を通すためには相手の社内事情もよく考慮した方がよい。具体的には、若手社員を派遣する際に、もともとある企業の社内制度の活用ができるかどうかだ。国が制度をつくったので、乗ってくれと言っても急に社内の制度を変えるのは難しい面がある。その点、もともと社内にあった制度とうまくフィットすると話が早く進む。伝統的な企業ほど人事制度はガチガチで、採用を絞り込んだ若手社員を新たに外部へ派遣するのは難しい。その点、伸び盛りで勢いのある新しいＩＴ企業はトップダウンでものごとが決まり、動きも早かった。信頼できる人脈形成という視点に立てば、地方都市に出向して自治体職員の名刺を持って働き、地域の皆さんと同じ釜の飯を食うような人間関係づくりの意味合いは大きい。これまで足場のなかった地方における社会的貢献やビジネス展開のきっかけになることもすぐ理解された。

伝統的な大企業でも、日立製作所では若手社員全員を海外に勤務させるという方針があったが、家族の事情等で国内を希望する社員もいたそうだ。そこで私から「それなら若手企業人として地方都市に勤務する選択肢を認めてはどうか」と提案してみたところ、すでに高い英語力を身につけた優秀な社員を出してもらえた。

リクルートでも、手挙げ方式でいろいろなチャレンジを認める社内制度があったが、それに若手企業人を加えてもらったら、優秀な社員が応募してくれた。

マスコミに大きく取り上げてもらうための工夫

２０１２年元旦、大手経済紙に若手企業人地域交流プログラムの記事が大きく掲載された。新しい年にふさわしい特ダネとして企業の役員クラスにもじっくり読んでもらうなら、やはり正月だ。できれば元日の朝刊に掲載してもらうよう、知り合いの記者に頼んでおいたのだ。実際、役員が新聞記事を見てこれは良い話だと連絡があり、若手社員を出してくれた企業もあった。

企業訪問をする際にも新聞記事は役に立った。新聞記事と制度概要の資料をあらかじめ送付して、関心があれば説明にお伺いしますというパターンで企業訪問を重ねたが、新聞記事の効果は大きかったと思う。

私の経験上、新聞で大きく取り上げてもらうにはコツがあった。まずは筆の立つ記者と仲良くなること。これまで紙面を大きく飾るような記事を書いた実績がある記者だとデスクの信頼も厚く、大きく取り上げてもらえる可能性が高い。そして、他社には今週中は言わないので、ニュースのない日に大きく取り上げてほしいと頼むことだ。大きな事件やニュースが多い日も少ない日も新聞は一定の紙面を埋める必要があり、いつでも書ける独自ダネを持っているということは、記者にとって好都合であり、早く載せるより大きく取り上げてほしいこちらとはＷＩＮ《ウィン》－ＷＩＮ《ウィン》の関係になる。

　実際に若手社員を派遣する段階でも、必ず市長から直接辞令交付をしてもらい、地元市民に広く知ってもらうようマスコミに取材してもらった。地方都市では、事件や事故、お祭りのほか大きな話題がない日も多い。そこへ首都圏の一流企業から異業種の若手社員が２人やってくるというニュースは大きく報じられた。地元での認知度が高まれば、本人も活動しやすくなる。実際、兵庫県の豊岡市に派遣された大手旅行会社の若手社員はインバウンド観光の海外戦略担当として外国語で観光情報を発信するとともに、イギリスやフランスで開催された旅行博に出向いて営業活動を行うなど大活躍。若手企業人の尽力もあって豊岡市は５年間で外国人観光客を40倍に増加させた。

　私が13年度に４０００万円の予算で創設した「シニア地域づくり人」の国費モデル事業についても、大手全国紙の夕刊一面に大きく取り上げてもらった。１人当たり年間５００万円の支援で40～50代のベテラン社員を自治体に派遣するモデル事業だ。道の駅の駅長や観光協会の事務局長などにノウハウが豊かで即戦力となるベテランが欲しいという自治体のニーズに応えるものだった。伝統のある大企業では、若手よりシニアの方が出しやすいという事情もあった。実践経験の豊かなシニア人材が新たなライフステージを切り開き、実績を上げれば派遣期間終了後はそのまま企業を退職して定住してもらうことも想定した。

若手企業人地域交流プログラムは「シニア地域づくり人」事業と14年度に統合され、「地域おこし企業人交流プログラム」となった。入社後2年以上なら勤務年数や年齢は問わなくなり、定住自立圏に取り組む自治体に加えて条件不利地域の自治体も対象とされた。また企業側の要望も踏まえ、1～3年の派遣期間を6カ月～3年に緩和し、三大都市圏に本社がある企業なら大企業要件も外された。

新しい制度の創設に当たっては、最初は要件を厳しくして高い施策効果を狙いつつ、制度が動き出したら自治体や企業のニーズを踏まえて徐々に必要な要件の緩和を行うのが妥当だろう。逆に緩い要件で制度を創設し、好ましくない事例を排除するため後から条件を厳しくすると混乱が起きる。

19年12月に策定された第2期のまち・ひと・しごと創生総合戦略でも「地域おこし企業人地域交流プログラム」の活用が明記されており、総務省だけでなく政府全体として推進すべき施策として位置付けられている。

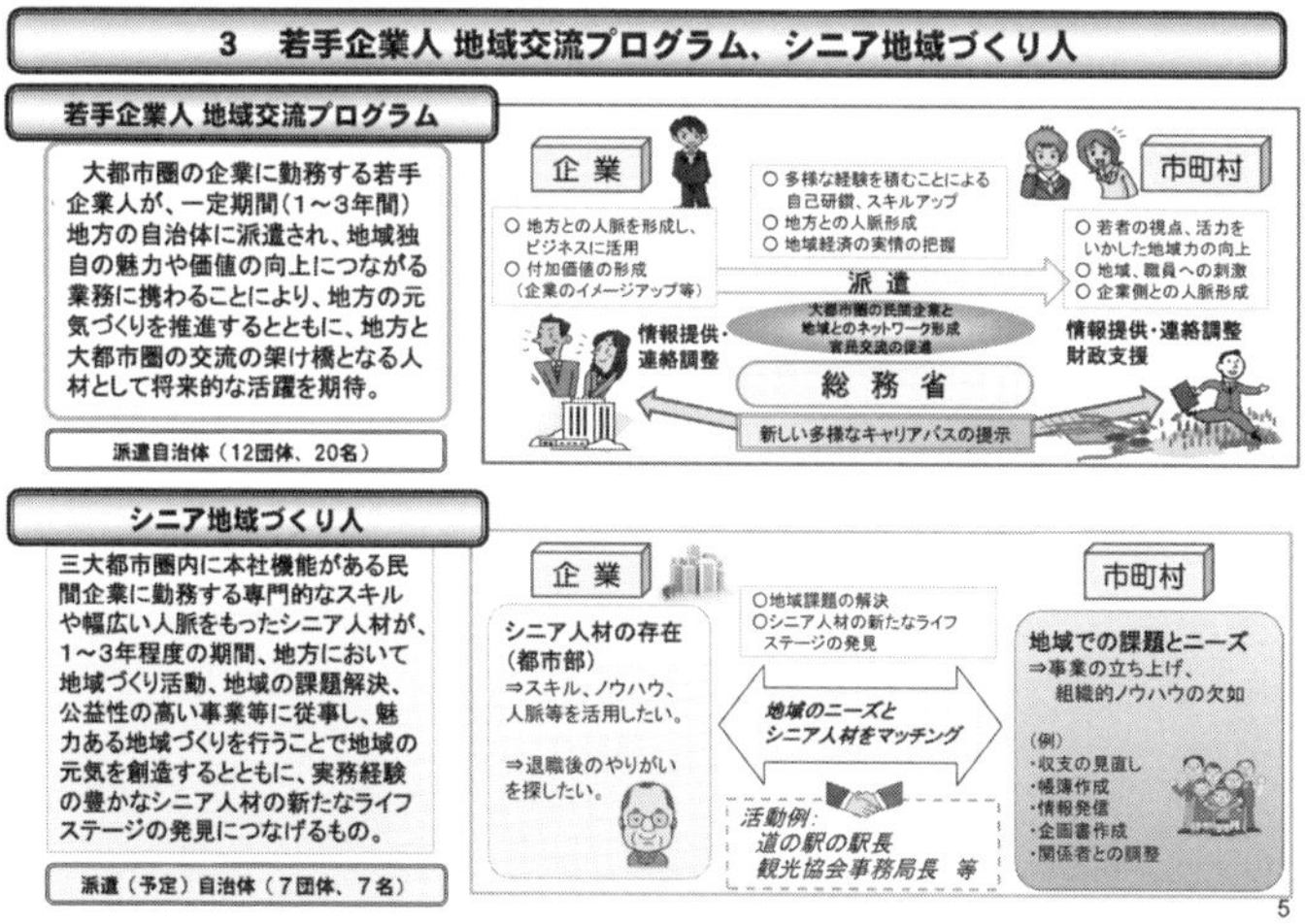

（経済財政諮問会議 第3回地域経済に関する有識者懇親会【2013年８月26日】総務省提出資料）

上記２制度が2014年度に統合された「地域おこし企業人」は、2021年度から「地域活性化起業人」として企業からの人材派遣について１人当たり年間560万円の特別交付税措置が講じられている

Column

深夜の来訪者

夜の奈良県庁。時計の針は12時を回るところだった。入省後3カ月間の研修を経て初めて赴任した奈良県での出来事である。

私は係長と2人、選挙管理委員会の事務室にいた。しんと静まる廊下を靴音が近づいてくる。そこに現れたのは何と「あの男」だった。各地の選挙に立候補して白い覆面とマント姿で「正義のヒーロー」の如く演説する有名人。選挙無効の異議申し立ての最終日、受付終了時間の規定がないことを突いて、あえて夜中に県庁にやってきたのだ。しかも、異議申し立てで提出されたのは、とても文書には見えないヘビのような長い紙の束。正式受理はできないが、とりあえず紙の束を預かることにした。

翌日以降、細かい紙の切れ端を組み合わせると元文書の一部が欠落していた。後日、文書を補正する形で異議申し立ては受理されたが、その係争中に県議会議員補欠選挙が行われ、思わぬ裁判上の大問題に発展。

一方、男は高野山の宿坊で行われた近畿ブロック研修会にも宿泊者に紛れ込んで現れた。前の晩に風呂場で男に遭遇した私は「えっ、なんであの男がここに!?」と驚愕し、報告したが誰も信じてくれない。しかし、翌日の研修が始まる前、講師控室に押しかけて、男は六法全書を片手に国から派遣された講師に論争を挑んでいた。

入省間もない私が風変わりな人物から学んだことの一つは、行政に対する不当圧力に屈しない毅然とした対応の大切さであった。

第2章

着眼点

本省課長時代、総務省山遊会のメンバーと高尾山にて

市町村合併論をぶち上げる

奈良県総務部地方課

ずれ込んだレポート発行

私が最初に地方勤務したのは奈良県の地方課だった。大学を卒業して数カ月の新人を都道府県にヒラ職員として出すのが自治省のやり方で、私も東京で3カ月の研修を終えたあと1986年7月に赴任した。

さまざまな土地、組織で仕事をするのが自治官僚の醍醐《だいご》味《み》だ。特に初任地では、管理職として赴任するのと違って周りの職員とフラットな付き合いができる。優秀な人材が集まっていた地方課は大いに勉強になり、プライベートでは県庁テニス部に入ったり、詩吟を習ったり、大台ヶ原や大峰山、葛城山《かつらぎさん》へ登ったりした。

そんな公私ともに充実した奈良県勤務が終わる頃のことだ。「ようやく今年のレポートを発行できる」。地方課の先輩職員がホッとした様子でつぶやいた。

いつもなら3月末に発行される県庁の冊子「市町村行財政レポート」が、その年は8月にようやく発行される運びとなったのだ。内容は例年通り3月中にほぼ固まっていたものの、ある事情で発行が遅れていた。

それは私の異動時期だ。自治省から赴任してきた若手職員は1年9カ月後の年度末に帰るのが通例だったが、私の場合、まずそのタイミングに当たる3月末の異動がなかった。７月には自治省から次の若手がやってくるので、その前に何度か送別会を開いてもらったものの、６月末も異動はなかった。結局、赴任から２年１カ月後の７月末に東京へ戻ることとなった。

どうしてレポート発行を私が自治省へ帰った後にしなければならなかったのか。それは、私が県内の市町村合併を論じた文章を寄せていたからだ。

見習い勤務の集大成

いわゆる「平成の大合併」により、市町村は全国で３２００余りから１７００余りまで減少したが、当時はまだ昭和の終盤。市町村合併論を唱える者は少なかった。その頃、奈良県北西部に位置する香芝町《かしばちょう》の人口が増加して５万人を超えることが確実視されていたが、奈良県条例で警察署、法務局の出張所、郵便局、鉄道の駅などの官公署等が５

種以上という要件が定められていたため、条例を改正しなければ香芝町は市になれなかった。

そんな中、私は論文で市制施行を意識した具体的な合併例を幾つか提示した。①香芝町が単独で市になるのではなく、大規模ニュータウンの開発によって市街地が連なり近鉄の同じ急行停車駅の利用者が増えている隣の広陵町と合併する②王寺町、斑鳩町《いかるがちょう》と周辺町村が、JR・近鉄の王寺駅を核に「法隆寺市」としてまとまる③川西町、三宅町、田原本町の3町が合併する——といった具合だ。ちなみに、聖徳太子ゆかりの法隆寺があるのは斑鳩町だ。

課長からは「別のテーマにした方がええんちゃう?」と再考を促された。現職の地方課職員が書いたとなれば県庁の公式見解とみなされ、市町村が大騒ぎになる可能性があったからだ。

しかし、自治省から来ていた総務部長が「このまま出すわけにはいかないが、なかなか面白いじゃないか」と後押ししてくれた。発行を先延ばしして、自治省に帰任した職員が見習い勤務の集大成で書いたという位置付けであれば、公式見解には当たらないと考えられたらしい。

ファクトを示して切り込む

当時の奈良県には市町村が47あった。特に県北西部の大和平野に面積の小さな自治体が集中していた。

これらの町村には１９５０年代の「昭和の大合併」の頃、合併話が破談になってしまったところが多かったようだ。県庁の地下書庫に潜って当時の記録をひも解いたところ、過去に難しい経緯があったことも分かってきた。

ただ、大和平野は高度成長時代を経て大阪のベッドタウンとして開発が進み、人口が大きく増加していた。例えば、町境をまたいだ丘陵地帯にニュータウンが広がるなど、合併した方が良さそうな町村がバラバラと存在していた。

そこで私は、客観的なファクトを基に考察し、市制施行が可能な合併案を提示してみた。各町村の人口、人口集中地区（ＤＩＤ）の連なり具合、通勤通学の状況、そして市への昇格要件とされていた官公署などの存在に注目したのだ。

市町村数を減らそうという視点ではなく、住民の生活経済圏に合った合併を目指そうという発想だった。市になれば住民サービスが向上するし、県からさまざまな権限が移譲されて地方分権も進む。

市町村の存立に関わる話だから、一般の県職員には書けない思い切ったテーマだったかもしれない。発行時期を遅らせるだけでなく、マイルドに書き直すよう言われたので、私は大幅に修正した上で自分の異動を待つことにした。修正前の方が面白かったというのが周りの職員の感想だった。

模索が続く広域連携

奈良県には2021年現在、39市町村が存在する。県条例の改正により市制施行の条件が緩和されたため、人口5万人を超えた香芝町は単独で市となった。大和平野では他に當麻町《たいまちょう》と新庄町が、時限措置で人口要件を緩和した合併特例法を活用して葛城市となった。

しかし、大和平野にひしめく町村のほとんどは残ったままだ。「法隆寺市」も日の目を見ることはなかった。平成の大合併期には奈良県でも多くの合併協議会ができたのだが、「市町村数を減らす」「財政基盤がぜい弱な町村を合併させる」といった意図が見え隠れし、大部分は話がまとまらなかった。

私が昭和の終わりに提起した合併論が人口増加地域における新たな市制施行の可能性を探ったものだったのに対し、平成の大合併は人口減少を見据えた行政改革の推進という側面があった。生活経済圏の拡大に対応して住民サービス向上を目指すという意味では共通していたが、そもそも着眼点が違っていた。

論文を書き上げてから30年近くたったある日、懐かしい方から連絡をもらった。奈良県地方課で一緒に仕事をした先輩職員の平井康之さんだ。かつて私が提案した「法隆寺市」構想の一角、王寺町で町長を務めている。

地元・北葛城郡の町村会主催の研修会で「自治体連携による地域づくり」と題した講演を頼まれた。平井町長は13年に初当選してから周辺町村と連携した広域行政に力を注いでおり、私が書いたレポートのことをずっと覚えていてくれたのだ。私も講演で圏域一体的な取り組みの重要性を強調した。

その晩、副知事、総務部長など県の大幹部になっていた当時の地方課メンバーが集まり、懐かしい話に花が咲いた。

究極の不良債権に挑む

島根県総務部財政課

湖の淡水化計画に直面

島根県と鳥取県の境に広がる中海《なかうみ》は、全国で5番目に大きい湖だ。ヤマトシジミで有名な宍道湖《しんじこ》の下流に位置し、境《さかい》水道を通じて日本海とつながっている。どちらの湖も淡水と海水が混じり合った汽水湖で、宍道湖で大粒のシジミが獲れるのは中海を経由して塩分がさかのぼってくるおかげだ。

今となっては信じ難い話かもしれないが、かつてこの二つの湖を淡水化してしまおうという計画が進んでいた。中海のうち2230ヘクタールを干拓して田畑にするとともに、水門で海と切り離して湖水を農業に使えるようにする「国営中海土地改良事業」だ。

地元の要請を受け、農林水産省が事業に着手したのは1963年のこと。しかし、コメ余りの時代に入ると、広大な干拓地を活用しきれないのではとの疑問が提起された。

さらに環境保全意識の高まりから淡水化への反対運動が起こり、私が島根県に赴任したころ、最大の本庄工区（１６８９ヘクタール）を残して干拓は中断していた。

干拓を再開するかどうかを判断する期限は97年。その前年に財政課長となった私は、この問題に直面することとなった。

事業中止のリスクを考える

国の事業とはいえすでに投じられた事業費のうち数百億円は、造成した農地を売却して県が返していく予定の「地元負担金」だった。財政投融資資金からの借り入れで賄われており、事業をストップしている間も、年利６・５パーセントでどんどん膨れ上がっていく。

正式に事業を中止してけりを付けたいところだが、そうもいかない事情があった。国は当時、公共事業を地元の都合で中止するなら、地元負担金はもちろん、それまで投じた国費も返還せよという立場だったのだ。

もし県から中止したいと言い出せば、巨額の財政負担を背負うことになりかねない。そして、造成されるはずだった土地は水面下に沈んだまま。やがて究極の不良債権と化してしまう。

一方で県庁内には、農地としてニーズが見込めなくても干拓を推進すべきだという意見があった。事業完了から一定期間経過すれば、国費返還なしに産業用地に用途変更できるとの期待があったのだ。産業用地なら、農業用水を得るための淡水化は必要なくなる。私自身は用途変更しても条件の悪い干拓地に企業を誘致するのは困難と考えていたが、いずれにせよ中止するなら国に判断してもらおうという空気が強かった。巨額の財政負担を回避するためにはどうすべきか。ここは知恵の出しどころである。

私が目を付けたのは、長崎県で進められていた国営諫早《いさはや》湾干拓事業だ。諫早湾でも漁業者らの反対があったものの、海水を防ぐ潮受堤防を97年4月に閉め切るという節目の日程が固まりつつあった。海をギロチンで断ち切るように、鋼板が次々と落とされていく映像を覚えている方は多いだろう。

「農水省は諫早湾に集中せざるを得なくなる。そうだ、時間を稼ごう」。私は中海干拓の事業中断をさらに3年延期する方向で働き掛けを始めた。

堤防を閉め切った後の諫早湾では土地造成などが本格化し、多大な事業費が必要になる。農水土木にも予算枠の制約がある中、農水省は中海干拓を現時点で再開することは難しく、3年経っても淡水化が難しいとなれば中海干拓の継続にもこだわらなくなると期待したのだ。

農水省の土木技術職員や造成工事の事業者は干拓技術の継承や事業量確保の観点から、

大規模干拓がどちらも中止になる事態は絶対避けたかったに違いない。しかし、諫早湾で完工できる見通しがつくのなら、当面は事業量も十分に確保できる。

延期によって判断を先送りすると言えば優柔不断に聞こえるが、決して何もしないで待つわけではなかった。県としては年利6・5パーセントで借り入れが膨張するのを止めておく必要があった。

先送り作戦が奏功する

まず、干拓が実施されても中止になってもよいように、154億円の地元負担金の半分を3年間で分割払いしておくことにした。痛みの伴う措置だったが、半分残った77億円の金利分を国の方で補填《ほてん》してくれることになり、この3年間のうちに事業を中止するか続行するか判断するという枠組みが固まった。

ヒントとなったのは、干拓事業が実際に中止となった過去の事例だ。調べてみると、用地売却で賄う予定だった地元負担金について、国と地方とで折半している事例があった。

そして3年後の2000年9月、国は本庄工区の干拓中止を決定した。大型公共事業に対する社会の考えはこの間に大きく変化し、いったん始めたら止まらない在り方に批判が強まっていた。02年には淡水化の中止も決まった。

結局、地元負担金のうち残った77億円は金利分だけでなく国がすべて補填することとなり、国費返還も求められなかった。１９９８年に閣議決定された地方分権推進計画で、長期にわたり実施中の国庫補助事業などについては、社会経済情勢の変化に応じて再評価し、事業を中止しても地元自治体に補助金返還を求めないという仕組みがルール化されたのだ。

結果的にうまくいったが、実はそうならなかった場合に備えた手も打っていた。国が事業推進の立場を崩さないまま、県として中止をお願いせざるを得ない状況も想定されたため、98年度当初予算で「しまね環境基金」として地元負担金の残り半分に相当する77億円を積んでおいたのだ。当時の県民は77万人。１人当たり１万円の基金だったが、不良債権処理などに使わずに済んで本当に良かったと思う。

公共事業も止められる

なお当時、奥出雲の掛合町《かけやまち》（※２００４年から雲南市掛合町《かけやちょう》）に建設が進められていた農道空港も、野菜を航空機で運ぶような需要が見込めないということで事業中止となった。用地買収分の国費返還は求められたが、調査費などの返還は求められず、最小限の県負担で済んだ。

ちょうどその頃、北海道が士幌《しほろ》高原道路の建設を中止したことで話題となった「時のアセスメント」という仕組みがある。長期間停滞したまま、時間の経過で効果が薄れてしまった公共事業を見直そうという考えに基づいており、全国に広まった。

人口減少や需要減などの環境変化を勘案し、公共事業を国庫補助金の返還なしで中止できるようになったことは地方分権改革の大きな成果だ。干拓事業をめぐる島根県の動きも、その流れを強く後押ししたはずだ。

私はその後、北海道に赴任。事業費が数百億円に及ぶ日高横断道路について、財政課長として強く中止を働き掛け、結果的に事業は中止となった。日高山脈を愛する日本山岳会会員としても自然環境に対する悪影響を深く憂慮していたので、個人的にも良い結果が得られたと思っている。

人材供給県のジレンマ

島根県総務部財政課

ワイドショーからの取材電話に対応する

「課長、テレビ局からの取材ですが、電話をお回ししてもいいですか」

島根県財政課の職員が取った電話の相手はワイドショーの記者のようだった。いよいよこちらにも取材が来たなと思って電話口に出た。

実はその頃、各テレビ局のワイドショーは竹下登総理の発案によって始まった「ふるさとづくり事業」で、地方自治体が無駄な箱物（公共施設）を作っているのではないかというキャンペーンを張っていた。東京目線からの一面的な見方によるセンセーショナルな報道には大いに疑問を感じていたが、視聴率稼ぎが目的のワイドショーにそもそも公平な視点に立った報道など期待するのが無理なのかもしれない。

１９９０年代に入り、バブル崩壊後の長引く景気低迷で国税収入も落ち込む中、地方自治体の単独事業に対するこの手厚い財政措置は、事業のために発行した地方債の元利償還金に対して地方交付税措置を講じるもので、識者から「地方交付税の先食い」との批判もあった。

島根県は税収が乏しく財政力が脆弱《ぜいじゃく》な県であり、いわゆる箱物建設等による借金は極力抑制しないといけない。私が財政課長時代、何とか財政を改善せねばと過去に発行した地方債を繰り上げ償還し、短期借入金に入札制を導入して支払い金利を削減するなど、改革に取り組んだ。財政課長在任中に「1人当たり地方債残高全国一」という不名誉な座を高知県に譲ることができたときは、正直ほっとしたものだ。

テレビ局の取材は、「歳入面で国からの配分が多すぎるのではないか」という切り口だった。確かに当時、1人当たり国庫補助金、地方交付税ともに島根県は全国一の配分額だった。東京などで納められた税金が島根県などに手厚く配分されるのはおかしいのではないかという趣旨だが、今思うと国・地方ともに税収が落ち込む中、地方財政に切り込みたかった当時の大蔵省の影もちらつく「東京目線」の一大キャンペーンだった。

東京目線、島根目線

「国庫補助金や地方交付税の1人当たりの配分額が島根県は全国一となっていますが、

財政課長としてどのようにお考えですか？」

先方はワイドショーの取材だと言ったが、芸能リポーターの一方的な突撃取材のようなことはなく、こちらの言い分も聞いてくれそうな感じだった。

私がテレビ局の記者に話した内容は、おおむね次のようなものだった。

1点目は、島根県は人口が少なく、面積当たりではそれほど多額にはならないこと。2点目は、島根県の公共事業費が全国一になったのは最近のことで、それまでは長野県や新潟県が一番だったこと。3点目は、島根県で育てた人材は高い比率で東京など大都市圏に出て、そこで数多く働いて多額の税金を納めていることだ。

「そういう考え方もあるのですね。なるほど参考になりました」と、一応納得した感じで電話は切れた。

しかしそれは彼らの欲しかったコメントではなかったためか、あらかじめ用意された筋書きから外れていたためか、結局番組で私の発言が取り上げられることはなかった。

ちなみに、島根県は人口に比べて面積が広く、例えば道路建設でも地形的にトンネルや橋が多いと公共事業費も割高になりがちだが、面積当たりで見ると、他に金額が多い県がいくつもある。

また、島根県では、ようやく県西部に石見《いわみ》空港が整備され、県庁所在地の松江市まで高速道路がつながりつつあるなど、大規模な公共事業が本格化したのは最近のことで、少し前までは、長野オリンピック開催前のインフラ施設整備が大きかった長野県がトップ、その前は新潟県がトップだった。例えば高速道路や空港でも人口の多い地域から順番に整備が進み、ようやく島根県まで順番が回ってきたときに全国一だからけしからんという議論は、過去の経緯を全く踏まえていない。

かつて東京オリンピックの前など、競技会場や首都高速道路の建設で東京に公共投資が集中していた時代もある。例えるなら立食パーティーに遅れて参加して、料理を食べていたら、すでに食べ終わった人たちから何でお前だけまだ料理を食べているのだと非難されているような感じだ。

県出身者の貢献にも目を向ける

島根県の高校を卒業した優秀な人材は東京など大都市圏に進学、就職しており、当時は東京都と島根県を比べると1人当たり県民所得で約2倍、納税額は約4倍の格差があった。島根県で教育費をかけて育てた優秀な人材が東京で納税しているのだから、島根県への「仕送り」と考えれば、そうおかしな話でもない。例えば、高校生A君、B君、C君のうちA君が東京の大学を出て就職したとすれば、かかった学費のほか、下宿代や生活費の仕送りまで含めると一番多く教育費もかけたのにA君は島根県内で納税せず、島根県に残ったB君、C君を合わせた納税額の2倍の税金を東京で納めていることになる。

当時、松江市の人口は15万人足らずだったが、東京大学の合格者を出す高校が松江市内に3校あった。松江北高、松江南高、松江東高で、95、96年と2年連続で合計19人が東大に合格していた。人口当たりの合格率で見ると極めて高い水準で、教育熱心な土地柄だったことがうかがえる。

ただ、その後、松江市は合併で人口は増えたものの、東大合格者は数人にとどまっているのが気になるところだ。地方が衰退すると東京への人材供給も細っていく。

持続可能性こそが眼目

島根県は全国的に見ても子どもがたくさん生まれていることにも着目したい。2018年の島根県の合計特殊出生率は1・74で沖縄県に次ぐ全国2位だった。しかし、島根県では出生率は高いものの、若い世代の流出が続いている。

1955年には島根県も93万人近くまで人口が増加し、増えすぎた人口を減らすため南米など海外への移住まで推進していた時代もあったが、今は様変わりだ。61年に策定された島根県総合振興計画には、1人当たり県民所得を向上させるために人口を抑制するという考えが示されており、島根県の人口はその後激減した。特に県西部では県外に進学・就職を勧めるような教育が行われたと聞く。そして、70年の過疎地域対策緊急措置法の制定後、85年頃までは島根県の人口も回復傾向を見せたが、平成の時代に入ってからは一貫して島根県の人口は減り続けている。

これ以上の若者流出に歯止めをかけなければいけない。

東京に若い人材を供給しているのだから、東京で納められた税金が島根県に還元されて当然という発想もあると先ほど述べたが、そこに持続可能性はない。むしろ今は、若い人材を大都市圏から引っ張ってきて財政的にも自立を目指すくらいの姿勢が求められる。島根県では高校の魅力化に取り組んでおり、全国から高校生を募る「しまね留学」で県外から学びに来る生徒は10年で3倍以上に増えたそうだ。

いずれにせよ、人はどうしても今自分が住んでいる場所からの目線で物事を考えがちだが、マスコミの方々、地方に関わる仕事をする国家公務員の方々には、できるだけ若いうちに地方勤務を経験して、それぞれの地域ごとに独自の事情と論理があることを実感してほしいと思う。

予算見直しのコツ

北海道総合企画部地域調整課

過去最大の北海道予算

島根県の後、東京での本省勤務を挟んで赴任した北海道でも、財政健全化の仕事がついて回った。

私が北海道に赴任する1年半ほど前になるが、札幌市に本店を置いていた都市銀行の北海道拓殖銀行が１９９７年11月に経営破綻している。「たくぎんさん」と呼び親しまれ、地元経済の中心的存在だったが、不動産関連融資にのめり込んだバブル期の積極拡大路線があだとなった。

97年は消費税率の5パーセントへの引き上げがあり、国際的にはアジア通貨危機が発生。株価は秋にかけて大きく下落した。他に山一証券などが破綻し、日本全体が金融危機におののき、翌年発足した小渕恵三内閣は財政拡張路線に舵を切った。

拓銀破綻で地域の経済活動が停滞した道庁も大がかりな景気対策を迫られ、98年度の最終予算規模は過去最大の約３兆８０００億円まで膨れ上がっていた。99年４月に知事選を控え、予算上の配慮が例年以上に求められたことも背景にあるだろう。

５月に道庁へ出向した私には、財政健全化に道筋をつけることが期待されていた。最初のポストは地域調整課長で、課の予算の中に道財政悪化の大きな要因とされた「地域政策補助金」があった。

市町村に人気の補助金

地域政策補助金は、市町村の施設整備などに対し事業費の２分の１以内を上限１億円で交付する仕組みで、当時２１２あった市町村から大変な人気だった。国からの交付税措置がない独自財源による補助なのだが、要望を受けて毎年のように予算は増額され、99年度予算では１１０億円を超えていた。他県にはあまり例がない規模の独自支出だった。

整備されたのは温泉施設や観光関連施設が多かったように思う。市町村の事業費の財源構成を調べてみたら、元利償還金に交付税措置のある地方債で充当した後の残り全額が、地域政策補助金で賄われていた。道庁は自前の財源を補助につぎ込んだのに対し、それを受ける側の市町村は一般財源を使わずに予算を組んでいたのだ。

住宅ローンに例えるなら、頭金を道庁から丸ごと補助してもらって家を建て、ローン（地方債）返済にも国からの助成（地方交付税）を充てていくイメージだ。手元に資金を用意せずに家が建つ。安易な施設整備につながりかねない制度だった。

かたや道庁は歳出増と税収の落ち込みで財源不足に陥り、職員給与カットにまで踏み込まざるを得ない状況だった。

ところで当時、都道府県、政令指定都市を中心に市場公募債の発行が本格化していた。かつて地方債といえば財政投融資や指定金融機関に引き受けてもらうものだったが、国債と同じように証券会社や銀行を通じて債券を市場に流通させるようになった。

その利率は自治体の財政状況に応じた水準となり、北海道債は公募地方債の中で最も金利の高いグループに入っていた。財政悪化を食い止めなければ、金利がさらに上昇して財政がいっそう追い詰められることも想定された。

制度変更で交付先絞る

話を地域政策補助金に戻そう。私は、補助を受ける側の市町村にも自前の財源を用意してもらう仕組みに変えることにした。単に予算額を減らすだけの案では、補助対象に採択される自治体とそうでない自治体とで不公平感が生じるし、予算増額の強い要望に抗しきれず、結局押し戻されてしまうことが懸念された。制度を変えることで自ら手を下ろしてくれるのを期待したのだ。

市町村には事業の財源として、交付税措置のある地方債を充当率の上限まで充ててもらった上で、道庁が補助するのは残った一般財源所要額の2分の1以内とする。補助金と同じだけ自前の財源が必要ならば、施設整備に慎重になるだろう。

その代わりに交付額の上限は1億円から2億円へと倍増させる。どうしても整備したい施設だったら、道庁は補助額を引き上げてでも支援するということだ。少額補助をバラマキ的に広く行うのをやめ、選択と集中を進めるという方針で交付要綱を改正し、翌年度分から取り扱いを変更することにした。

市町村の反応はどうだったか。見直し案を伝えた段階で、ニセコ町の逢坂誠二町長（現衆院議員）が私のところに飛び込んでこられた。同町は温泉施設を整備しているところで、すでに着手した継続事業には従前通りのルールで補助してほしいとの要望だった。

新規事業であれば補助制度改正を受けて中止してしまうという選択の余地もあったが、継続事業は制度が変わったからといってやめられない。それはもっともな事情なので、継続事業には従来の枠組みを適用することにした。

ただ、逢坂町長も道財政が苦しいことは十分に分かっておられ、制度見直しの基本的な考え方には理解をいただけた。継続事業に配慮したことで、他の市町村からの反発も少なかった。

制度見直しによる抑制効果は大きかった。計画していた施設整備を取り止める市町村が相次ぎ、110億円を超えていた地域政策補助金の予算額を2000年度は50億円以下に圧縮できた。

予算規模2位の座を譲る

地域調整課長に続いて財政課長を2年間務め、北海道を後にした。赴任直前に約3兆8000億円まで肥大していた道予算は、私が最後に編成に携わった02年度当初予算で2兆9300億円にまで抑制された。

財政課長といえば、財政状況の良いときは予算を付けて感謝されるポストだが、予算を減らす局面では嫌われ役になりがちだ。しかも、拓銀破綻という事態で膨れ上がった予算にブレーキをかけ、逆方向に転換するには大きなエネルギーを要した。

しがらみの少ない国からの出向という立場だからこそ、思い切った削減を断行できた面もあると思う。戦後長らく東京都に次ぐ全国2位の規模で推移してきた北海道の一般会計予算は、その座を大阪府に譲ることとなった。

冬の北海道の寒さは厳しいが、春の雪山は明るくて楽しい。北海道の山メーリングリスト（HYML）の山仲間たちと漁岳《いざりだけ》にて

人をつなぐ地域通貨

総務省自治行政局自治政策課

ＩＣＴで安心・便利に

２００１年の中央省庁再編で自治省、郵政省、総務庁が統合され、総務省が誕生した。翌年に東京へ戻った私は、旧省庁の枠を超えて情報通信技術（ＩＣＴ）の普及に取り組むことになる。

島根県や北海道でインターネットの活用に熱心だったことが人事担当者の目に留まっていたのだろうか。まず旧郵政省部局で地域通信振興課企画官（組織改編でまもなく初代の地方情報化推進室長に）を務め、03年には旧自治省部局で自治政策課情報政策企画官に就いた。そのとき着目したのが、各地で発行されるようになっていた地域通貨だ。

「円」がどこでも誰でも何とでも交換できる法定通貨であるのに対し、地域通貨は一定の地域やコミュニティのメンバー間におけるモノ、サービスの交換を仲立ちする。使える範囲は限られるが、ボランティア活動や介護、福祉、子育て支援など住民の共助を促すとともに、地産地消の促進、地元商店街の振興などにつながる。

しかし当時、地域通貨は紙幣の形で発行されることが多く、管理に手間や費用がかかった。ＩＣカードや携帯電話を用いてデジタル化することで、安心かつ便利に利用してもらおうと考えたのだ。ＩＣＴによって多くの人が瞬時にやりとりできるようになるし、履歴を簡単に残せる。偽造などセキュリティ上の課題にも対応できる。

「マイナス金利」も可能

また、「減価」をシステム的に実施できることが大きな利点になり得る。減価とは、お金の価値を時間とともに目減りさせていく仕組みだ。いわばマイナス金利をかけることで退蔵される地域通貨が減り、流通を促す。まさに地域内経済循環の後押しになる。

地域通貨の減価には興味深いエピソードがある。１９３０年代、オーストリアの炭鉱町ヴェルグルでのことだ。世界恐慌の影響で町には失業者があふれ、税金の滞納も増えていた。そのとき町役場が「労働証明書」という注目すべき地域通貨を発行した。

道路整備などで雇用した労働者に対価として付与したのだが、毎月初めに額面の１パーセント相当の印紙を役場で買って貼らなければ使えない。印紙代を支払った分だけ実質的に価値が目減りする。すなわち減価する地域通貨だ。

２パーセントの手数料を払えば法定通貨へ換金できたが、相手が受け取ってくれるなら、法定通貨に換えるよりさっさと使ってしまった方がお得だ。その結果、消費が促進されて現地の経済は活性化し、失業者が激減した。さらには税金の滞納額も減ったという。

こうした減価を紙ベースで実践しようとすると、ヴェルグルでの事例のように大変な手間がかかってしまうが、ＩＣＴを使えば簡単に実現できるのだ。

お金の要らない社会

新潟県の奥只見《おくただみ》ダムの奥に湯之谷村という村があった。今はもう魚沼市に合併されている。私は04年、現地で平ヶ岳の山開きに参加した。そのとき一緒に登った村の人たちから聞いた話だ。

雪深かった湯之谷村ではかつて、冬になると奥の方の集落への交通は途絶した。かんじきを履いて１日かけて町に下りるのは、正月に飲む新酒を買いに行くときくらい。そんな集落でどうやって暮らしていたかというと、例えば電灯が壊れれば修理する人がいる。集落内の除雪は、みんな自分たちでやる。誰かが狩りに行くとなれば、その子どもたちはおじいちゃん、おばあちゃんや近所の人が面倒を見る。泥棒が出るかといえば、みんな顔見知りなのでそもそも泥棒はいない。そんな生活だったそうだ。

助け合いながら暮らしていたからお金を支払う機会がないし、行政サービスの世話になることさえない。密なコミュニティではお金が要らなくなるのだ。

実は、地域通貨に取り組んでいるグループの人たちと話していると、人数が少なくてみんな顔見知りのメンバー同士だったら、互いに助け合うのに別に地域通貨なんか要らないという声が出てくる。そろばんでいえば、珠《たま》を動かさなくても頭の中で貸し借りを覚えて暗算できる高段者の境地だろうか。

しかし、新しく助け合いのコミュニティをつくり上げるには、何かしてあげたり、お返しをしたりというやりとりを目に見えるようにする地域通貨が有効なツールとなり得る。顔見知りのコミュニティに新たなメンバーを迎えるときも、人と人をつなぐツールとして地域通貨が使えるだろう。

「円」では果たせぬ役割

地域通貨には次のような効用を期待した。「円」では実現できないことが多いと分かってもらえるだろう。

○人的資源の有効活用

地域通貨をきっかけに、人々が地域に出て何か活動をするようなケースだ。定年退職で仕事がなくなって家でゴロゴロしていた人が、地域通貨を契機にして公園での草刈りなどに参加すれば、眠っていた人的資源が生かされる。体を動かせば健康にも良く、医療費負担が下がるかもしれない。

○余剰資源の有効活用

稼働率の低い施設の有効活用が考えられる。例えば動物園、美術館などは固定費の割合が高いので、追加のコストをあまりかけずに利用者を受け入れることができる。ボランティア活動で入手した地域通貨で美術館へ入れるようにすれば、円を払ってまで行かなかった人たちが芸術を鑑賞するようになる。

円ベースの経済システムでは廃棄処分されてしまうような生産物や資源の有効活用も考えられる。獲れすぎた魚や野菜が廃棄されるようなケースでは、円で大量に出荷すると価格が暴落しかねない。しかし、地域通貨でコミュニティのメンバーにお裾分けするのなら市場価格への影響は小さいだろう。

○地域内循環の促進

遠くのショッピングセンターまで行かず、近所の商店街で地域通貨を使う機会が増えれば、地域内の消費循環が促進される。地元の産品の購入を促して地産地消が進めば、輸送のために二酸化炭素を排出して海外の農産物を輸入するより持続可能な社会の構築につながる。

○コミュニティ意識の涵養《かんよう》

地域通貨が人と人とのつながりを仲立ちする役割を果たすことが期待できる。例えば、防犯パトロールで地域を回っていると、子どもたちとあいさつするようになる。コミュニティ意識を高め、犯罪の起こりにくい街づくりにつながる。信頼関係のしっかりとした地域社会を築けば、社会的コストが将来にわたって低減される。

私の関わった地域通貨では「ありがとう」という気持ちを表すメッセージと一緒にポイントを送るなど、何らかのコミュニケーションを伴うケースが多かった。

「縁（円）の切れ目」という言葉があるが、離婚などで人とのつながりを切るときは「円」で関係を清算する。無縁社会の都会では、孤立しても「円」があれば生活はできる。わずらわしい人間関係なしに取引できるのが「円」だとしたら、地域通貨はコミュニティを大切にしたいと思う人と人を結び付けるという特徴を持つ。

地域通貨をデジタル化

04年2月に政府の地域再生本部で「地域再生推進のためのプログラム」が決定されたが、その中に地域通貨モデルシステムの導入支援を盛り込んだ。ちょうど公的個人認証サービスがスタートしたところだったので、その普及啓発を兼ねてICカードや携帯電話で地域通貨をデジタル化するシステムを開発することになった。

千葉商科大学の加藤寛学長（当時）を座長とする「地域通貨モデルシステム検討委員会」でシステムの運用面を検討してもらい、実際の開発は複数の大手IT企業で構成する共同体（JV）が担当。千葉県市川市、北九州市、熊本県小国町で実証実験を行いつつ、システムを作り上げた。

パソコンや当時まだいわゆるガラケーだった携帯電話を操作することで、ポイントをやりとりできる仕組みが構築された。例えば清掃活動に参加することで事務局からポイントを振り込んでもらったり、たまったポイントを店で使ってエコ商品を買ったりという具合だ。紙へ印刷せずに済み、各人の取引履歴や残高のデータは事務局に保存されるので、紛失しないし悪用されにくい。

システムを使ったモデル事業はその後、兵庫県たつの市、島根県海士町《あまちょう》、島根県雲南市、大分県別府市などでも展開された。

活用に向けた気運を盛り上げるため、各地でシンポジウムも開催した。加藤さん、さわやか福祉財団の堀田力理事長（当時）、作家の幸田真音さんら著名人と行ったパネルディスカッションは新聞やＮＨＫ教育テレビで取り上げられるなど、当時は地域通貨への関心が高かった。

各自治体で行われたモデル事業を紹介しておきたい。

○千葉県市川市

市川市の「てこな」は安心・安全、子育て、福祉、健康などをテーマとした地域通貨で、ＮＰＯやボランティア団体の活動支援によってコミュニティの再生を図るとともに、商店街振興や雇用創出を目指した。特に安心・安全の分野では、各自治会で熱心に防犯パトロールが行われた。地域通貨の使途としては動植物園、科学館、公民館などの公共施設で利用できるほか、民間ショッピングモールの協力も得た。

○北九州市

北九州市の「環境パスポート」では資源回収、マイバッグ使用、町内清掃などの活動にポイントが付与された。使い道としては有料ゴミ袋、リサイクル品の購入のほか、市営駐車場、博物館、コミュニティバスで使え、民間のテーマパーク、温泉施設などの協力も得た。参加者の環境貢献活動の履歴から二酸化炭素削減量をグラフ化し、成績優秀者を表彰した。

○熊本県小国町

グリーンツーリズムの促進を図るため、都市から訪れた参加者は枝打ち、下草刈り、野菜出荷、乳牛の世話などの作業体験で「おぐにポイント」を入手。温泉施設、宿泊施設で利用できるほか、縁故米や手作り味噌、乳製品などの特産品に交換できるようにした。小国町ファンともいうべきリピーターをデータベース化し、都市住民と交流を深めた。

○大分県別府市

さまざまなボランティア活動のほか、健康診断を受けた人にポイントが付与された。ポイントは温泉施設のほか、プロのサッカーやバスケットボールの試合観戦に使えた。観戦チケットを割引する形で球団側に入ったポイントは、チームが市営施設で練習するときの使用料に充てられるようにした。

○島根県海士町

島内で買い物ができる「ハーン」を発行。地元産品をインターネットで購入した場合にも付与した。また、町役場の職員にボーナスの３割を地域通貨に交換するよう呼び掛け、95パーセント以上の職員が応じてくれた。小泉八雲の肖像が描かれた「ハーン」の紙幣を土産で持ち帰る人もいて、発行益を享受した。

人のつながりを育む

その後、地域通貨ブームはいったん去ったが、ＩＣカードなどを媒体とする高松市の「めぐりんマイル」や、スマートフォンを使う岐阜県の飛騨高山地域の「さるぼぼコイン」などは現在も活発に使われている。スマホ普及やブロックチェーン技術の進展で、地域通貨は復権の時を迎えている感がある。そこには、ガラケー時代のモデル事業で蓄積されたノウハウが少なからず役立っているかもしれない。

当時のモデル事業では結果的に、電子ポイントで地域通貨をやりとりするというだけのイベントで終わった事例が見受けられたが、ＩＣＴを活用した地域通貨に取り組む中でデジタルのネットワークは共助の意識が高い人同士を結び付けるという効果が見えてきた。人と人のつながりを育んで地域活性化につなげようと、この先私は地域ＳＮＳモデル事業の全国展開に取り組んでいくことになる。

日本21世紀ビジョン

内閣府企画官（併任）

知的刺激に満ちた合宿

人口減少と超高齢化が進む中、わが国はどんな社会を目指していくのか。日本を代表する新進気鋭の研究者、評論家らと、秋の深まる神奈川・箱根に泊まり込んで議論を交わす機会があった。２００４年に参加したこの合宿は、私の公務員人生で最も知的刺激に満ちた経験となった。

私は当時、政府の経済財政諮問会議の専門調査会メンバーとして「日本21世紀ビジョン」の策定作業に加わっていた。有識者以外に各省から若手企画官クラスが１人ずつ選出されることになり、総務省では私に白羽の矢が立ったのだ。

04年９月から内閣府企画官併任となり、専門調査会で生活・地域ワーキンググループ（ＷＧ）の委員を務めた。翌年まとまったビジョンは、２０３０年を見据えてわが国のあるべき姿や構造改革の方向性を提示するものとなった。

ＷＧでご一緒した有識者は玄田有史氏（東京大学社会科学研究所助教授。いずれも肩書きは当時のもの。以下同）、小西砂千夫氏（関西学院大学大学院経済学研究科教授）、宮崎哲弥氏（評論家）、村井純氏（慶應義塾大学環境情報学部教授）、村尾信尚氏（関西学院大学教授）、藻谷浩介氏（日本政策投資銀行地域企画部参事役）、山田昌弘氏（東京学芸大学教育学部教授）ら。四半世紀後も現役でいるだろう40代が中心だった。

彼らとの会合で、私は総務省が支援に取り組んでいた地域通貨の効用を紹介したり、高齢化が進む大都市郊外のニュータウンこそコミュニティづくりが重要だと提案したりした。事務方ではなく一委員として出席したので、率直な考えを述べることができた。

地域コミュニティを守れ

ＷＧ主査を務めた八代尚宏・日本経済研究センター理事長（当時）と意見がぶつかる場面もあった。八代主査は当初、「過疎からの撤退作戦を描く」「『足による投票』で自治体間にもっと競争原理を働かせるべきだ」と言われていた。人の減った地域へ無駄な投資をせず、都市に人を集めて効率化するという発想だ。

人口減少社会では効率の悪い地域に人が住むのはやめ、都市に人を集中すべしという考えが政府の中には根強くある。ただ、私の立場は少し異なる。

うまく共助が機能しているコミュニティが果たす公益的な価値は大きいと考えており、そうしたコミュニティが維持されている集落の切り捨てには反対だ。全国の山々に登って過疎地域も見てきた私にとって、伝統や文化の豊かな農山村に都会の競争原理を持ち込むのは違和感があった。

農山村は１人当たりの医療費が少ないし、棚田の維持など環境保全にも役割を果たしている。農業と年金で自活できている高齢者を無理やり都会に移住させれば、近所付き合いがなくなって孤立する恐れがあるし、足腰だって弱ってしまうだろう。

そもそも自治体は企業のようには論じられない。企業だったらつぶれても他の会社に雇ってもらえばいいが、自治体はそこに人が住んでいる限り必要なのだ。人々の暮らしを支えるコミュニティを叩き壊してしまうような競争を持ち込むべきではないと、私は主張した。

そうした考えに一定の理解が得られたようだ。できあがったビジョンでは「人口が著しく減少する地域（過疎地域やゴーストタウン化が懸念される大都市圏郊外部のニュータウンなど）では、コミュニティが今後とも維持される地域などへの集約化を進めていく」との表現に落ち着いた。

箱根での合宿はこうした会合のひとコマなのだが、中間とりまとめを前にビッグ・ピクチャーをどう描くか、大まかな方向性をざっくばらんに議論した。ビジョンに盛り込まれた「豊かな『公』」「時持ち（＝何にどれだけ時間を使うか自分で工夫できる人）」「よく遊ぶ」「健康寿命80歳」といった特徴的なキーワードは、このときのブレーンストーミングから生まれたものだ。

霞が関の内閣府の大会議室と違って、リゾートホテルの部屋で少人数のグループに分かれて行われたディスカッションはアットホームな雰囲気だった。聡明なメンバーと知的空間を共有することに幸せを感じた。

「1%クラブ」を提言

専門調査会のメンバーは「私の描く２０３０年」というテーマで、コラムも執筆した。私は「ネットコミュニティ時代の到来」と題したコラムで「１％クラブ」の創設を提言した。

１％クラブとは、スポーツ振興、子育て支援、地域の防犯など自治体や特定非営利活動法人（ＮＰＯ法人）が展開する公益活動の中から、国民それぞれが賛同するものを選択し、納税額の１パーセントをその費用に充てられるようにする仕組みだ。税金の使い道を決めるのに、一人ひとりの声を直接反映させる。

私は総務省の自治行政局情報政策企画官として04年1月、職場や自宅のパソコンから行政手続きをするための公的個人認証サービスをスタートさせたところだった。ネット上で電子政府・電子自治体が実現し、しっかりとした本人確認ができるようになれば、納税者が税金の使途を選択するシステムも大きなコストをかけずに実現できると考えたのだ。

マイナンバーによる電子納税が普及すれば、事務処理コストの低減や脱税防止による税収増加をもたらすだろう。その一部の使い道を国民に決めてもらってもよいのではないか。もし実現すれば、知恵と工夫を生かした公益活動に共感と資金が集まるようになり、豊かな「公」の実現につながる。

税金の使途を自ら選択できる仕組みは、その後に創設された「ふるさと納税制度」に通じる発想だ。実際、ふるさと納税はネットで簡単に利用できるようになって広く普及することになった。現在のふるさと納税は税金の使途より返礼品の方ばかり注目されるのが少し残念だが、私も東日本大震災や熊本地震などの被災地支援で大いに活用させていただいた。

本省企画官時代は双子の娘たちとよく山に登った。箱根・金時山にて

「地域おこし協力隊」を広めよ！

総務省地域力創造グループ地域自立応援課

地方で見つける生きがい

「遅咲きのヒマワリ」という連続テレビドラマをご覧になったことはあるだろうか。高知県四万十市を舞台に若者たちの日常を描いた群像劇で、2012年にフジテレビ系列で放映された。生田斗真さん演じる主人公が務めていたのが「地域おこし協力隊」だ。

主人公は都会で派遣社員の職を失い、インターネットで見つけた募集に応じてやってくる。ヒロイン役の真木よう子さんや地元住民らと出会い、恋に悩んだり、壁にぶつかったりしながら生きがいを見つけていくストーリーだ。「ボクの人生、リニューアル」という副題が付いていた。

地域おこし協力隊は自治体から最長3年の任期で委嘱を受け、離島や過疎地域へ移り住んで農林漁業の応援、水源保全・監視活動、住民の生活支援などに当たる。ドラマの主人公の場合は地域の高齢者をサポートしつつ、お祭りの復活や商店街の活性化に取り組んでいた。

現場へ若い人材を

地域おこし協力隊の報償費２００万円（当時の年額。現在は最大３２０万円）とその他の活動経費２００万円に対しては、総務省が特別交付税で財政支援する。制度が創設された２００９年度の隊員数は89人（受け入れ自治体は31団体）で、２年目は２５７人（90団体）、３年目には４１３人（１４７団体）と伸びていった。

それまでの地域振興は概してお金を配ることが施策の中心だった。しかし、地方自治体への補助金が結局、東京のコンサルティング会社などに吸い上げられる事例は少なくない。立派な企画をお膳立てしてもらっても、実行する人材がいなければ絵に描いた餅に終わる。

地域活性化で本当に必要なのは担い手となる人材であり、地域おこし協力隊はそこに着目した制度だった。決まった基準やメニューに基づいてお金を配る補助制度とは異なり、総務省の支援の下、意欲ある人材が現地に移り住んだ。

隊員の7割は20、30代の若者だ。京都大学の応援団長だった隊員、東大野球部OBで外資系金融機関に勤めていた隊員、大学院で生物多様性を研究していた隊員など経歴は多彩。初期の頃から活力と知性にあふれた若者たちが生き生きと活動していた。まさに都会から地方への人の流れをつくる制度といえる。

初年度の隊員が最長3年の任期を終えた11年度末、地域に定住した割合を調べたところ67パーセントに上った。思っていた以上の高い定着率に驚き、大きな手応えを感じた。

テレビ局とタイアップ

私が地域自立応援課長として地域おこし協力隊の担当をしたのは、制度創設3〜4年目。ドラマ「遅咲きのヒマワリ」はちょうどその頃、放送された。生田さん、真木さんら人気俳優がヒマワリ畑に並んだ宣伝ポスターが駅などに張り出された。

このチャンスを生かさない手はない。フジテレビにタイアップを申し入れたところ、部下職員の熱心な働き掛けにより快諾を得た。ポスターの図案を無料で使わせてもらえることになり、「地域おこし協力隊」の文字を加えて増刷。「ボクらの未来はここにある!」というキャッチコピーや募集サイトの情報も添え、全国の自治体や大学の掲示板に張ってもらった。

地域おこし協力隊の知名度は若者たちの間でグンとアップしただろう。テレビ局としても、普段は宣伝に使えないような公共的なスペースに総務省の予算でポスターが張られたわけだから、まさにＷＩＮ《ウィン》－ＷＩＮ《ウィン》の関係だった。

変わる田舎への意識

年収２００万円と聞くと、移住先で生活できるのかという疑問が湧くかもしれない。しかし、住居は市町村が用意するし、田舎暮らしは意外とお金がかからない。お裾分けの習わしがある農村部では、スーパーで野菜は買ったことがないという隊員の声も聞いた。

逆にあまり高い報酬を前提に生計を立てていると、任期を終えた後、自ら収入を得て定住することが難しくなる。あくまで報酬目的ではなく、地域活性化に向けて意欲あふれる人材を求めたのだ。

生活の質や豊かさへの志向が高まる中、自然環境や歴史、文化に恵まれた地方で地域社会に貢献しながら暮らしたいという人たちは増えている。都会の「無縁社会」とは逆に、温かい人間関係が残っていることも田舎の魅力だろう。

特にリーマンショックや東日本大震災以降は、いわゆる団塊の世代のみならず、若者たちの意識が変わってきた。まさに時流に合った制度だったと思う。

5千人以上が活躍

制度の運用に当たって、私は隊員の研修に力を入れた。他地域で活躍する隊員の実践経験から学び、交流を深めることはその後の活動に大きく役立つ。

いくらやる気のある隊員でも1人でできる活動には限界がある。隊員が孤立することのないよう市町村にもフォローアップ体制に留意してもらい、できるだけ複数の隊員を採用してもらうようにした。専門的なノウハウを有する地域力創造アドバイザーとセットで隊員に地域へ入ってもらう国費モデル事業も展開した。

また、地域おこし協力隊の受け入れ自治体を増やすには市町村長の理解が不可欠だ。全国市町村国際文化研修所で開催された市町村長セミナーで、現役隊員に活動事例を報告してもらった。大変評価が高く、こんな素晴らしい若者たちが来てくれるならわが町もぜひ導入したいという声がたくさん寄せられた。

このほか隊員を募集する自治体の全国合同説明会を開催したり、隊員募集経費への財政支援を図ったりした。地域おこし協力隊は4年目には617人、5年目には978人となり、今では全国で5千人を超えている。

（©移住・交流推進機構・ニッポン移住・交流ナビ JOIN）

地域おこし協力隊に関する情報が掲載されたホームページ
https://www.iju-join.jp/chiikiokoshi/index.html

大学と地域の連携

総務省地域力創造グループ地域自立応援課

過疎地域を学びの場に

18歳の春に高校卒業生が大都市圏に出て行って帰ってこないというのが過疎地域の現状で、大学が大都市圏に集中しているのが大きな要因の一つになっている。しかし、大学の学びは必ずしもキャンパスの中だけでなされるものではない。フィールドワークの場としてむしろ、さまざまな課題を抱える過疎地域が選ばれてもよいのではないか。

地域に大学教員のノウハウと若い学生の力を導入し、活性化を図る。大学と地域のそんな協力関係を応援したいとの思いから、地域自立応援課長だった私は、２０１２年度当初予算で１５００万円の規模だった「域学連携」の国費モデル事業について、12年度補正予算と13年度当初予算に合わせて15倍以上の大幅な増額要求を盛り込んだ。

文科省とすみ分け

文部科学省も13年度から域学連携を図る「地（知）の拠点整備事業」（ＣＯＣ）という施策を推進しようとしていた。財務省からは、両省のすみ分けはどうなっているかとの宿題が投げ掛けられた。ちょうど文科省の大学振興課長とは若かりし頃、同じ島根県で彼が高校教育課長、私が財政課長としてご一緒した縁があったこともあり、調整はスムーズにいった。

具体的な分担としては、文科省は地方大学と所在する自治体とが連携する地元密着型とする一方、総務省は大都市圏の大学が離島や過疎地域の自治体と協力するアウトリーチ型に取り組むことになった。大学から日帰りできるエリアでのフィールドワークは対象外とし、10日程度の合宿または１～２カ月の滞在をすることを条件に加えた。

こうして地域自立応援課では補正予算、当初予算合わせて2億３０００万円を計上し、全国21カ所でモデル事業を展開した。国費の事業以外でも域学連携の地域づくり活動に対して、特別交付税による財政支援を行った。それまでも、教員や学生がゼミ合宿の延長のような形で地域づくりに参加する活動に特別交付税措置を講じてきた。しかしモデル事業では、正式なカリキュラムとして単位認定することも採択条件とした。大学に組織として取り組んでもらう点に国費で支援する意義を認めたのだ。

13年2月には能登半島で域学連携サミットを開催。全国の自治体や大学から約400人が参加し、熱心に議論が交わされた。また、域学連携に関する調査研究会も設置し、報告書をとりまとめた。

廃校を交流に生かす

実際に離島や過疎地域に学生たちが滞在してフィールドワークを行う際に私が着目したのが廃校の活用だ。

当時、私は文科省コミュニティ・スクール企画委員会の初代委員にも任じられており、地域活性化の拠点として学校を活用した地域づくりの全国的な事例調査も実施した。田舎の小学校では運動会は地域ぐるみの行事だし、都会でも地域コミュニティに施設の一部を開放する学校が増えていた。いざ災害というとき学校は周辺住民の避難所にもなる。

しかし、小学校が廃校となってしまった地域はガクンと元気がなくなってしまう例が多い。そんな地域に活力を取り戻してもらうには、若者に来てもらうのが一番だ。

それも一過性のものでなく、まるでサテライトキャンパスのように学生たちが継続してやってくるのが望ましい。専門的なノウハウを持つ大学教員の指導の下、住民を巻き込んで課題を解決するような活動が展開されたら、地域活性化にも貢献することになる。

学生たちが滞在するといっても、新しいリゾート風の施設では地域のお年寄りたちには近寄りづらい。かつて自分たちの通った小学校に孫と同世代の若者がやってきたらどうだろう。なじみのある小学校なら気軽に入って学生たちと交流できる。

しかも、小学校には授業のできる教室はもとより、料理ができる家庭科教室、理科実験室や保健室、さらに運動場もある。学生の活動拠点として最適だ。自然豊かな土地でフィールドワークを実践し、２週間程度の滞在で単位がもらえるなら、喜んでやってくるだろう。

今は廃校となっていてもそこに小学校があったということは、多くの人々が暮らしていけるだけの水、食料など自然の恵みが豊かだった証しだ。今どきインターネット環境があれば情報のやりとりに都会と遜色《そんしょく》はない。

特別な景勝地でなくても魅力ある土地と人にひかれてリピーターが訪れてくれれば、宿泊費などで一定の現金収入が得られる。エネルギーについてもかつての木炭に代えて、水力や太陽光など再生可能な自然エネルギーで電力を自給し、持続可能な地域づくりを目指せないか。

山形県金山町《かねやままち》や石川県珠洲《すず》市、穴水町《あなみずまち》は域学連携の国費モデル事業において、廃校利用を実践した。

大都市の学生を地方へ

その後、総務省のモデル事業に取り組んだ珠洲市、長野県中津川市、兵庫県洲本《すもと》市、長崎県対馬《つしま》市などでは今も域学連携が推進され、活性化につながっている。

域学連携の開始5周年を機に、洲本市で19年に開催されたシンポジウムに呼ばれたときのことだ。卒業して社会人となった学生ＯＢにふるさと納税を呼び掛け、学生が活動拠点とする古民家などの維持改修費に充ててはどうかと提言しておいた。出身地でなくても、自分を育ててくれた地域に恩返しするふるさと納税本来の趣旨に合致すると思うが、いかがだろうか。

地方にある大学が地元と連携する動きは、文科省の補助事業もあって全国各地の地方大学で進んだ。だが、全国から若者を集める大学が圧倒的に多いのは大都市圏だ。

大都市圏からさまざまな大学の教員や学生が離島、過疎地域にやってきて活動する流れをもっと後押しすべきだと思う。廃校を生かしてサテライトキャンパスを設置したり、大学間の単位互換制度を活用して複数の大学が交流できるフィールドにしたりすれば効果的だろう。都会から地方への人の流れをつくる方策として、これからの展開に期待したい。

テント泊も山の魅力だ。北アルプス白馬大池にて

Column

ドーハの感激
——世界大会誘致、渾身のプレゼン

中東カタール国の首都ドーハといえば、サッカーファンなら「ドーハの悲劇」を思い出すだろう。私の体験は「ドーハの感激」だ。

2013年9月末、「女子ハンドボール世界選手権」の熊本開催誘致のプレゼンを行うため、日本ハンドボール連盟の橋本聖子副会長（当時）を筆頭に誘致メンバーでドーハに赴いた。1泊3日のうち機内泊2日の強行軍。砂漠の中に高々とそびえ立つホテルの国際会議場で何としても開催地を勝ち取りたい。

開催地を決定する会議ではアラブ諸国の理事も多いと聞いていた。そこで私が注目したのは「髭」だ。理事たちに好印象を持ってもらえるよう、念を入れて10日ほど前から髭を伸ばしプレゼンに臨んだ。英語でのプレゼンだったので、熊本市のネイティブの国際交流員に録音してもらった3分ほどの読み上げ原稿を何度も繰り返し聞いて暗唱し、自分なりに熱意が伝わるよう身振り手振りや抑揚をつけて何度も練習した。

結果的にわれわれのプレゼンは大好評で、北欧の某国との決戦を制し、2019年の女子ハンドボール世界選手権の開催地は無事、熊本に決定した。現地の状況を事前によくリサーチして相手の懐に飛び込めるようにちょっとした工夫を欠かさない着眼点が大切だ。

ドーハの国際会議場で
橋本聖子副会長（当時）、竹原千賀選手と

第3章

突破力

六甲全山縦走大会（56km）では10回の完走を果たした。登山で鍛えた気力・体力は突破力の源泉となった

巨額の負担から地方を守る

自治省財政局調整室

五輪を支えた長野新幹線

1998年2月の長野五輪ではメダルラッシュに国内が沸いた。スキージャンプの「日の丸飛行隊」が金メダルを獲得した感動的なシーンは今も記憶に鮮明だ。この16日間にわたる国際イベントの旅客輸送を支えたのが、前年に開通した長野新幹線だ。

もともと新幹線といえば国費で整備されるものだったが、国鉄民営化後に着工が決まった長野新幹線は、沿線自治体が建設費の一部を拠出する初のケースとなった。その負担割合をどうするかが懸案となっていた89年、私は自治省財政局調整室に異動した。

調整室には入省直後の研修期間に在籍しており、2年9カ月ぶり2度目の勤務だ。当時の自治省は「政府内野党」とも呼ばれ、自治体側の立場に立って新幹線の財源問題の調整に当たっていた。室長は私の初めての赴任先である奈良県で、総務部長として私の上司だった方だ。

自治体間の温度差

五輪開催が決まる前から、長野新幹線の整備は長野県の悲願だった。東京から短時間で移動できなければ、オリンピック招致レースで他都市に見劣りしてしまう。まずは高崎—軽井沢間で整備する方向となったが、運輸省は建設条件として巨額の負担を沿線自治体に求めてきた。長野県としては運輸省の求める地元負担を受け入れて新幹線の整備を進めたかったが、延伸工事の起点となる高崎駅から碓氷峠《うすいとうげ》までは群馬県の区間となる。

群馬県にとっては、長野新幹線を延ばしても県内の駅は一つ増えるだけ。新駅に多少の経済効果はあるものの、線路は騒音の発生する迷惑施設だ。大きな財政負担を背負ってまで延伸するには、メリットが少なかった。

かつて新幹線は全額国費で整備が進み、国鉄時代に東海道、山陽、東北、上越と次々に建設されていった。しかし、経営が悪化した国鉄は87年に分割民営化され、赤字路線はこれ以上建設できないという時代になっていた。

新幹線建設もしばらくは凍結されていたが、新幹線を待望する地方の熱意は強く、建設費の地元負担と並行在来線の経営分離を条件に新たな路線を新設する道が開かれた。

自治体側は新幹線建設の地元負担は1割程度に抑えてほしいという立場だったが、運輸省は当初、その倍以上となる25パーセントの負担を求めてきた。

群馬県を納得させる材料がなければ、話は前に進まない。他方で、長野県もさらに軽井沢—長野間の延伸工事を控えており、前のめりになるあまり県財政を過度に悪化させてしまう事態は避けなければならなかった。

また、鉄道建設などをめぐっては、特定の自治体が必要以上に多額の地方負担を約束して他団体に先駆けるような動きが連鎖すれば、後に続く自治体に迷惑を掛けることになりかねない。

地方債措置でサポート

このような国と地方の財政負担を調整するのが、私のいた財政局調整室の仕事だった。特に新幹線建設に関しては、地方財政再建促進特別措置法と国会附帯決議によって、自治大臣の承認がなければ自治体から負担金を取ってはならないということになっていた。

建設費負担が自治体の財政悪化に直結するかどうかは、単に金額の多寡だけでなく、負担額が地方債措置の対象になるか、地方交付税措置の対象になるかが大きなポイントになる。当時は地方債が許可制で、どこまで借金で賄ってよいのかという充当率が公共事業の種類によって決められていた。地方債が認められた分については、分割返済すればよいので毎年の財政負担が軽減される。

また、地方交付税を算出するための基準財政需要額に建設費負担が算入されれば、自らの税収による負担分が軽減される。北陸、九州、北海道と各地に新たな路線が延びている今では、新幹線建設の地方負担は普遍的な財政需要として地方交付税算出のベースに組み込まれている。

しかし当時、着工が決まっていたのは長野新幹線の軽井沢駅までの延伸のみ。その負担に交付税措置を講じてしまえば、その分だけ他の自治体への交付税配分が減少することになり、他の自治体がとても許さない状況だった。

何とか建設費負担に対する地方債措置は講じる方向となったが、運輸省の求める地元負担の総額は、長野県や群馬県だけではとても負えそうにない。ここからが調整室の知恵の絞りどころだった。

アイデアと人脈で打開

そこでまずは自治体負担のうち、駅建設に関する部分は地元も受益があるので25パーセント負担、線路部分は10パーセント負担にすることが合意された。これにより群馬県の負担割合は、長野県に比べて軽減することができる。

さらには、長野新幹線新設で東京駅のホーム増設にも巨額の経費がかかる実情を踏まえ、東京都にもホーム増設費用の25パーセントの分担を求める案で調整が図られた。

運輸省は新幹線を切望する長野県に対して強気で負担を迫っていたが、国やJRには当初、東京都に負担を求めるという発想はなかった。自治省としては、全体で約15パーセントとされた地方負担を東京都にも分担してもらうことで、長野、群馬両県の財政負担を軽減できると考えたのだ。

しかし、どうすれば東京都に負担を了承してもらえるだろうか。89年度分の負担額を予算措置し、都議会を通してもらう必要があった。

この局面では、東京都から調整室に出向した経験があり、私も入省直後に3カ月間ご一緒した職員に、自治省とのパイプ役になっていただいた。89年当時は都庁の財政課に戻っていて、後に東京都の副知事も務められた方だ。

こうして東京都の年度末の補正予算にポンと負担分が計上された。バブル景気の頃で税収が上振れするような状況だったとはいえ、関係者からすれば大変ありがたい対応だった。

長野県は東京都に感謝し、県内でもめていた都の保養施設をめぐる問題の解決などに尽力したと聞いている。このようにアイデアや人脈を生かして事態を打開していく先輩方の仕事ぶりに、私は大いに学ばせていただいた。

長野新幹線が開業にこぎつけ、結果的に長野五輪が開催されたことで、訪日外国人の増加につながるなど東京都にとってもメリットは大きかったことだろう。大局的視点から長野新幹線建設を財政的に後押ししてくれた東京都には、改めて敬意を表したい。

リニア開業見据えて調整

もう一つのビッグプロジェクトが「山梨リニア実験線」だ。磁気で車体を浮上させて時速500キロメートルで走行する超電導リニアの実験線を将来実用化する区間の一部として建設するものだった。すでに実験線のあった宮崎県、新千歳空港と札幌を短時間で結びたい北海道、将来のリニア中央新幹線のルートの一部にしたい山梨県の3者が、夢の高速鉄道の誘致合戦を繰り広げた。

運輸省は89年、将来のリニア中央新幹線に直結する山梨県に決定したのだが、どうも山梨県に実験線建設費の1割に当たる100億円の負担を内諾させたらしいという情報が入ってきた。

将来的にリニア中央新幹線が実現するなら、山梨県にとってメリットがあり、線路部分として1割程度の負担をしてもおかしくはない。しかし、あくまで実用化を目指す実験線にすぎないのなら、巨額の地方負担をするいわれはない。

山梨県が巨額の負担を国から押し付けられ、財政破綻するようなことがあってはならない。私は地元負担の方法などで運輸省と協議を重ねた。さらなる技術開発が必要なリニア中央新幹線が建設されるのはずっと先の話だ。仮にリニア中央新幹線が実現せず、単なる実験線に終わってしまえば地元にメリットはほとんどない。

もしリニア中央新幹線ができないなら100億円は返してもらいたい。自治省としては負担金ではなく融資にすべきだと主張したが、リニア中央新幹線が開業する数十年後まで運賃収入が入ってこないので、金利の付く融資では建設が難しくなるという運輸省側の主張も理解できた。

いろいろ知恵を絞って結局、無担保の長期無利子貸付100億円ということで交渉は決着した。実験線が将来、リニア中央新幹線の一部になれば路線部分の地元負担の財源に100億円をそのまま充てればよいという発想だった。

ちなみに現在、リニア中央新幹線は地元負担なしでJR東海が整備している。もし実験線部分もJR東海が全額負担するなら、リニア中央新幹線が開業した暁には、山梨県に100億円が戻ってくるかもしれない。

地方分権改革によって国と地方が対等・協力の関係とされる前の時代。高速鉄道を誘致したい地方に対して、国の立場は圧倒的に強かった。運輸省との交渉に当たって、若い頃から自治体で働いた経験が、地方財政を守りたいという思いを強くし、良い結論につなげることができたように思う。

山梨リニア実験線（2020年11月24日／時事通信フォト）

単身で横田基地に乗り込む

自治省税務局企画課

スターズ&ストライプス

「牧さんのことがスターズ&ストライプスに載っていますよ。この交渉は動くかもしれません」

そう知らせてきた電話の主は、外務省の日米地位協定の担当者だった。その声は少し興奮しているように聞こえた。

1998年、私は自治省税務局企画課の課長補佐として、在日米軍司令部を相手に米軍関係者のマイカー課税をめぐる交渉に当たっていた。スターズ&ストライプス、すなわち星条旗新聞とは、世界各地に展開する米軍関係者らを読者とする国防総省公認の日刊紙だ。自治省の牧氏から税率引き上げの要請があったという記事が掲載されたのだ。

実質的な交渉は、私の横田基地訪問で始まった。700ヘクタールを超える広大な基地で、ここに在日米軍司令部がある。電車に乗って単身赴いたが、実は英語が全く苦手。通訳は米軍側に用意してもらうという状況で、内心は冷や汗ものだった。

次は司令部の将校が公用車で自治省まで来てくれた。このときは英語の流ちょうな府県税課の平井伸治課長補佐（現・鳥取県知事）が交渉に加わり、心強く感じたものだ。

15年間据え置かれたマイカー課税

さて、米軍関係者のマイカー課税とは何か。一般の人が意識することはほとんどないだろうが、日米地位協定に基づき米軍関係者の私有車は自動車税と軽自動車税が日本人に比べて軽減されている。ちなみに軍用車両は全くの非課税だ。

優遇を受けているのは軍人と基地で働く米国人、そしてその家族ら。税金のうち財産としての車にかかる部分と道路の摩耗などに対応する部分の二つに分けて、前者を免除するという考え方が採られている。

ただ、両者の区分は曖昧だ。日本人の自動車税が道路修繕費の上昇に伴って徐々に引き上げられたのに対し、米軍関係者への税率は84年の前回改定から据え置かれていて、税負担の格差が広がっていた。

自動車税は都道府県税、軽自動車税は市町村税で、これら地方税の枠組みは自治省が所管していた。国会では時々、米軍関係者のマイカー課税の税率は安過ぎると質問されることがあった。私と同じ課長補佐ポストを務めた3年先輩も、横田基地に出向いて税率引き上げを申し入れたが、そのときは相手の態度が硬く、受け入れられなかったそうだ。

円高一服で状況変化

米国側にも言い分はあった。税率が手付かずだったとはいえ、それは日本円でのこと。84年に1ドル240円前後で推移していた為替相場は、翌年のプラザ合意で転機を迎え、一時は90円前後までドル安が進んだ。

ドルで給与をもらう米国人の立場からすると実質的な増税が起こっていたのだ。加えて、円ベースでも増税となる負担は受け入れられないというのが、彼らの主張だった。

しかし、今回は米軍側の反応が違っていた。98年前後は円高が一服したタイミングだったことが大きかったと思う。為替レートは1ドル130円前後まで戻していた。

一方、バブル景気の頃は余裕があった自治体も、税収減で財政難に陥っていた。前年に金融危機が本格化し、戦後最悪の経済状況ともいわれた頃だ。法人税収への依存率が高かった都道府県では、知事給与をカットする例が相次いでいた。

また、沖縄の米軍兵士が95年に起こした少女暴行事件などにより、在日米軍に対する住民感情は悪化していた。司令部としては何とか改善したいという意向が働いたようだ。自治省での交渉の後、冒頭で紹介した星条旗新聞の取材を受けた。この英字紙に記事が載ることにどんな意味があるのだろうか。

冒頭の外務省担当者によると、星条旗新聞は在日米軍に勤務する米国人も一般的に取っており、彼らの世論を探る観測気球の役目を果たす。読者からの反発がなければ、米軍当局としては増税を受け入れてもよいサインになるというのだ。

こうして記事が載ると、それまでこの問題に無関心のように見えた外務省の態度ががぜん変わった。日米合同委員会における税率改定の合意に向け、必要な手続きなどを教えてくれた。日米合同委員会財務分科委員会の日本側代表は大蔵省の審議官だったが、大蔵省主税局にいた大学時代のテニスサークルの1年先輩がうまく根回ししてくれた。

メディア戦略で報いる

そして、外務省の見方は当たっていた。しばらくすると、在日米軍司令部から再び横田基地を訪れるよう連絡があったのだ。増税は米軍側の理解を得て、当初の提案通りに受け入れられた。交渉が決着したとき、米軍の将校が「バーンと花火を打ち上げたい気分だ！」と喜んでくれたのがとても印象的だった。米国側としては、知事給与までカットせざるを得ない都道府県の財政状況に配慮したという姿勢をアピールすることで、地元住民の対基地感情の緩和につながるとの期待もあったのだろう。

さて、この話にはもう一つメディア対応に関するエピソードがある。米軍基地は青森、神奈川、広島、長崎、沖縄など一部の都道府県に偏在している。米国側が自治体の財政難に配慮して増税に応じてくれたことについて、各地で高いシェアを誇る地元の新聞でしっかり取り上げてもらおうと、通信社から特ダネとして配信してもらったのだ。

東京目線の全国紙だと小さな扱いになりかねないが、地方紙は地元がらみの特ダネに敏感だ。一面に大きく記事が載り、在日米軍基地のある自治体から「今回はよく交渉してくれた」と感謝された。

しかも、提案を受け入れた米軍関係者にも喜んでもらうというＷＩＮ《ウィン》－ＷＩＮ《ウィン》の増税だ。国家公務員は課長補佐クラスでも、機運をつかめば長い間こう着していた国家間の交渉も動かせるという実感に胸が熱くなった。まさに役人冥利《みょうり》に尽きる体験だった。

課長補佐時代、自治省山遊会のメンバーと魚沼駒ヶ岳にて（1998年）。
鈴木元消防庁長官（初代会長）、瀧野元事務次官（2代目会長）らとともに

全国100市町村でe－まちづくり

総務省情報通信政策局地方情報化推進室

知恵と工夫で情報の高速道路を生かす

２００２年３月末に北海道から総務省に帰任。４月から情報通信政策局地域通信振興課の企画官となり、８月の省令改正で初代の地方情報化推進室長に就任した。地方情報化推進室の仕事は、全国各地の地方自治体の情報化を推進することだ。

当時、世界最先端のＩＴ国家を築くため「全国ブロードバンド構想」に基づいて光ファイバー網の整備を推進したが、情報が通る道づくりはまさに時流に乗っていた。自治体による光ファイバー網整備が公共事業として扱われることになり、建設国債を財源として予算も大幅に増額された。

しかし、ハードの光ファイバー網整備が進められる一方、ＩＴを活用したソフト施策となると決め手に欠けていた。ＩＴのメリットが住民にとってなかなか実感できないという声もあった。せっかく情報が通る立派な道をつくっても、熊しか歩かないと揶揄《やゆ》された北海道の高速道路のようなことでは困る。

地方分権の流れの中で、これまでのように国主導でモデル事業を推進するのでなく、地域の知恵と工夫を生かして、住民の目に見える形でＩＴを活用した地域活性化策を打ち出せないか。地域の中小企業が元気になり、新規雇用の創出にもつながる事業が展開できないか。そうした問題意識から「ｅ－まちづくり交付金」を目玉施策として打ち出すことにしたのだ。

02年度補正予算では、地域イントラネット整備事業で約２５０億円、ソフト事業の「ｅ－まちづくり交付金」で15億円の予算措置が講じられた。一つの「室」としては総務省でも最大の予算規模を誇った。

創意工夫を生かす「交付金」

ｅ－まちづくり事業は「補助金」でなく「交付金」とした点が画期的だった。

自治体の地方税収入が落ち込む中、補助事業では裏負担が生じるために年度途中の事業化は難しい。ハード事業であれば、補助金の裏負担については地方債の充当も可能だが、ソフト施策については、せっかく素晴らしいアイデアを持った自治体があっても地方債が活用できず、自治体の財源手当が困難なため事業化を断念せざるを得なくなることも予想された。

また、「補助金」だと細々とした補助要件で縛られがちだが、ＩＴを活用した創意工夫あふれる案件を幅広く事業化したい。義務的な自前の財政負担を求めなければ、リスクを恐れず斬新なアイデア実現にトライする自治体も出てくるだろう。そこで、思い切って「交付金」事業とする案で財務省に予算要求をぶつけたわけだ。

ｅ－まちづくり事業では、「地域の中小ＩＴ企業・ＮＰＯ法人等の参画」を要件とした点も特徴的だった。それまでありがちな例として、新しい事業を国費で支援しようとしても、東京の大手企業やコンサルタントが地域にアイデアを売り込み、結果的には投じた資金を東京に吸い上げられてしまうことが懸念された。そんなことにならないよう地域にしっかり根付いて経済の活性化に資する「交付金」を目指したのである。

また、雇用対策という観点からは「ＩＴ人材の新規雇用を創出すること」も要件とした。不況期は中小企業が優秀な人材を確保するチャンスでもあるが、この措置で「ｅ－まちづくり事業の採択をきっかけに躊躇《ちゅうちょ》していた新人採用に踏み切れました」といううれしい声も聞くことができた。ｅ－まちづくり交付金の予算要求額は１００億円。1件当たり2千万円、各都道府県10カ所程度の採択を目指すソフト施策として異例の大型要求だった。

そうした中で財務省との折衝が始まったわけだが、交付金事業は全額が国費負担ともなり得るので、財政的なモラルハザードを起こさないかが議論となった。これについては、事業規模、内容等に応じて１０００万円、１５００万円、２０００万円という３段階の定額交付金方式を取ることで対処することにした。仮に２０００万円の事業費で応募しても、内容的に高い評価が得られなければ、交付金額は応募金額より低い１５００万円、１０００万円となり、実質補助率は４分の３、２分の１になる。中身が伴わない安易な要望はこれでシャットアウトされる。

結局、財務省との厳しい予算折衝の結果、採択数全国１００件、総予算15億円で決着した。ＩＴを活用して地域を元気にするにはハード事業だけでなくソフト施策こそが重要であるとわれわれは考えた。こうした当時の情報通信政策局幹部の強い意志がなければ、この斬新な施策が日の目を見ることはなかっただろう。また、国会議員の先生方に後押しいただいたことも、財務省との折衝に当たって大きな力となった。上司の政策統括官の出身地だった鹿児島県、参事官が北陸総合通信局に勤務した縁で石川県、そして私が勤務した島根県、それぞれゆかりの県選出の先生方を通じた三所《みところ》攻めが功を奏した。

採択案件の選び方にひと工夫

モデル事業の募集・採択に当たっては、地域の知恵と工夫の競争により優れた案件を選抜する仕組みを考案した。まず、市町村から応募のあった案件の中から都道府県が上位5件を推薦。この推薦枠に対する応募倍率が6倍を超えたところもあったという。そして、各総合通信局（北海道、東北、関東、信越、北陸、東海、近畿、中国、四国、九州、沖縄の11カ所）の管内ごとに市町村数に応じてブロック採択枠を設定し、各総合通信局で優先順位をつけてもらった。最後に、総務本省に設置した学識経験者による評価委員会で採択案件を決定した。

総合通信局の推薦順位がブロック採択枠に入っていても、本省評価委員会の評価が悪ければ（複数委員が最低ランクの評価を付けるなど）落とされることもあるし、総合通信局の推薦順位が低くても本省評価委員会の評価が高ければ（上位30位以内なら）採択することにした。実際に、総合通信局が順位付けした推薦リストは、おおむね本省評価委員会と変わらぬ評価が適正に行われたように感じた。このような仕組みを取ったため、近隣エリアの自治体同士がアイデアを隠して蹴落とし合うのではなく、互いに協力して情報交換し、提案内容を高め合う効果もあった。結果的に少ない都道府県で1件、多いところでは5件が採択された。

事業の実施に当たっても、単に交付金を配分して後はお任せで放置することなく、採択されたモデル自治体同士が情報を交換しながら事業が展開できるよう「ｅ－まちづくり電子会議室」を設置した。その内部には各テーマ別、各地域別の個別会議室を設置し、テーマ別会議室のファシリテーターとしてＩＴ関係の経験豊富な有識者にサポートしていただいた。

何より、ここでは地方情報化推進室の担当職員の働きも忘れてはならないだろう。新しい発言があるとメインページ会議室一覧のトップにタイトルと発言者名を繰り上げて表示し、発言のない会議室はメインページから落ちていく仕組みなどを盛り込んだ電子会議室は、担当職員がフリーソフトを元に手作りで構築した労作であった。

ｅ－まちづくり交付金は、単なる1回限りの予算措置ではなく継続されるように「地域情報化モデル事業交付金」として閣議決定の上、政令にも位置付けられた。その後、景気対策の補正予算措置が講じられず、残念ながら翌年度以降予算化されることはなかった。しかし、２００３年度の電子自治体大賞では各部門をほとんど総なめで受賞するなど、ｅ－まちづくり事業の成果はさまざまなステージで高い評価を受けた。

例えば、豪雪地帯の長野県栄村では通信と放送の融合に取り組んだ。これはテレビが見られない山奥の集落40世帯に難視聴解消のためにブロードバンドでテレビを再送信するという意欲的な試みだった。冬の豪雪地帯の最大の娯楽はテレビだ。スポーツもテレビで観戦できるようになり、たいそう喜ばれたそうだ。また北海道栗山町では、地域通貨「クリン」の運用を支援する情報システムの導入も採択されたが、これはICTを活用した地域通貨システムのモデル事業につながっていく。

e－まちづくり交付金をきっかけに、各地域における創意工夫あふれる取り組みが動き出し、少なからず地域情報化に弾みがついたのではないかと思っている。

人に動いてもらうコツ

ところで、e－まちづくり交付金の交付決定の最終段階で困ったことが起きた。学識経験者による評価委員会の結果を受けて100件の採択案の大臣決裁を取ろうとしたところ、大臣から「待った」が掛かったのだ。その場では大臣決裁は下りず、保留となってしまった。実は評価委員会の審査結果通りの案で決裁を上げたのだが、採択案の中には大臣の地元岡山県内の自治体も入っていた。しばらく経って、大臣秘書官から岡山市長から大臣に話をしてもらえれば、事態を打開できるのではないかと示唆があった。

さて、どうやって岡山市長に頼むか。

総務省から岡山市に出向していた後輩に大臣決裁が止まっていることを伝え、「今から岡山市を外すとなれば、例えば中核市は一律優先度を下げるといった扱いにせざるを得ない。そうなれば他の中核市で採択から外れるところが出てくるので、他の中核市のためにも岡山市長の方から大臣に頭を下げてほしい」と市長にお願いしてもらった。後から聞いた話だが、「岡山市のためでなく他の中核市のためにもと言われたので大臣のところに行く気になった、うまい頼み方だ」と岡山市長は感心していたそうだ。

地方情報化推進室では、02年に東京大学の月尾嘉男教授を座長として「ＩＴリゾート研究会」も設置し、新しい働き方やライフスタイルの将来像を描いた。バブル崩壊で利用者が激減し、採算が採れなくなったリゾートホテルなどに光ファイバー網など高速通信環境を整備し、コールセンターやサテライトオフィスとして活用しようという発想だ。宮崎県の日南海岸や和歌山県の南紀白浜をモデルに検討を進めた。コロナ禍も受けて、最近はワーケーション（ワーク＋バケーション）に政府が本腰を入れているが、ようやく時代が追いついてきた感じだ。

02年に私を初代室長として新設された地方情報化推進室も、19年度末を持って廃止された（デジタル経済推進室に振替）。少し名残惜しい感じもするが、これも時代の流れだろう。

給与削減、徹夜の組合交渉

兵庫県企画管理部

新基準で財政再建団体寸前に

兵庫県企画管理部長をしていた頃、総務省の後輩でもある部下の財政課長からこんな報告を受けた。

「部長、総務省の新たな財政再建の基準に、兵庫県がひっかかるかもしれません……」

当時、総務省が財政再建団体の判断基準の見直しを検討していた。新基準が適用された場合、阪神淡路大震災の影響で財政状況が悪化していた兵庫県が指定されるかもしれないというのだ。

財政再建団体に指定されるとはどういうことか？　前例を挙げるなら「夕張ショック」がある。財政破綻した北海道夕張市は２００７年に財政再建団体に指定され、事実上、国の管理下に置かれた。そして国の同意なしでは、新たな予算計上も独自事業の実施もできなくなった。

　夕張市の財政破綻は市民生活に大きな影響を及ぼした。小中学校は1校に統合、美術館や図書館など公共施設も次々と廃止され、公立病院も診療所に縮小されるなど行政サービスの水準は引き下げられ、税金や水道料金などの住民負担は引き上げられた。全国最低の行政サービスと全国最高の市民負担を強いられることになったのだ。人件費削減のため、市役所の職員数も大幅に削減され、職員給与も年収ベースで4割近く引き下げられた。

　そしてこの夕張市の財政破綻を受けて、国は自治体の財政がギリギリまで追い込まれる前に、危険信号となる基準を策定し、早期に地方財政の健全化を進める新しい法律の策定を進めていた。

　この「地方公共団体の財政の健全化に関する法律」が2007年6月22日に公布され、2007年度の決算に基づく健全化判断比率に基づき、地方公共団体の一般財源総額に占める公債費の比率である「実質公債費比率」は25パーセント、将来負担比率は400パーセント（政令市を除く一般市町村350パーセント）を超えると、新しい法律に基づいて財政健全化計画の策定が義務付けられることになった。

　ちなみに、2007度決算で兵庫県の実質公債費比率は、20・2パーセント（全国ワースト2位）、将来負担比率は361・7パーセント（全国ワースト1位）だった。

地方債の平均発行期間が一般の市町村に比べて都道府県や政令指定都市は長期にわたることから、将来負担比率の基準は400パーセントと緩和されたが、一般市町村と同様の350パーセントなら基準に該当するところだった。

震災から10年、悪化した県財政の健全化に向けて

三位一体の改革（2004～06年）の名の下に、地方交付税が5・1兆円削減（兵庫県では700億円削減）されたことで、財政が悪化する自治体が当時は続出していた。

特に、兵庫県の財政が悪化した大きな要因として、阪神淡路大震災のために約2兆3千億円に上る膨大な財政負担を強いられ、その財源を賄うため、約1兆3千億円の県債発行と5000億円を超える県債管理基金の取り崩しで震災からの復旧復興を行ってきたことが挙げられる。

さらに、震災が起きた1995年以降に発行が始まった10年満期一括方式の市場公募債の償還が始まったことが、県財政に大きなダメージを与えていた。

それまでの地方債の償還は分割返済方式が一般的で、郵便貯金や年金積立金を財源とした国の財政投融資資金や、指定金融機関などから借り入れした地方債を一定の据え置き期間のあと毎年分割して返済するのが通例だった。

一方、金融市場で債券として売買するには、国債のように毎年支払うのは利子分だけで、満期に一括して元金が償還される方が取引しやすいため、都道府県や政令指定都市では満期一括償還方式の地方債の発行を始めていた。ここでは、満期の10年後に一部は借り換えをするが（例えば20年償還なら半分、30年償還なら3分の2）、返済分については10年の間に毎年基金に積み立てておくルールとなっていた。しかし、震災復興を優先した兵庫県は、底だまりしていた県債償還に備えるための基金を取り崩して復旧復興事業の財源に充てていたのだ。

それまで財政状況の判断には、「起債制限比率」という各年度の借金返済に充てる負担割合の大きさを表すフローの指標が使われていた。しかし、10年満期一括方式の地方債の償還が各自治体で本格化すると、国はストック面にも着目して「実質公債費比率」という新しい指標の導入に舵を切った。

この満期一括償還の県債を返済するために、本来積み立てておくべき基金の積み立て不足がペナルティとしてカウントされることになり、兵庫県の財政状況の悪さは一気に表面化した。

２００７年度には１２８０億円の収支不足となり、県債管理基金の活用や資金手当債の発行でやりくりしたものの、さらなる基金の取り崩しや県債の発行は、実質公債費比率や将来負担比率など、新たに導入された財政指標を悪化させることになった。兵庫県では県債管理基金の残高に着目し、他に積み立てられていた基金をかき集めて県債管理基金に積み増すなど対策を講じたが、震災からの復興復興のために取り崩した額は膨大で、本来積み立てておくべき額には到底足りなかった。

厳しい交渉と「パワハラ撲滅」への着眼

こうして兵庫県では、徹底した歳出歳入の見直し、財政健全化に向けた取り組みが始まり、私は企画管理部長として、その先頭に立つことになった。

08年度予算の一般事務費は30パーセント削減、施設維持費も15パーセント削減、県有財産の売却など歳入の確保にも努めた。組織も全国最少の5部体制とし、出先機関も111から71事務所に廃止・統合、一般行政部門の定員も07年度比で18年度までに3割削減を目標とした。

中でも労働組合との給与削減交渉は夜を徹して行われ、大変厳しいものだった。「若い職員まで給与を引き下げるのはおかしい。県財政が悪化したのは、今の幹部職員の責任ではないか！」と厳しい言葉が飛んでくる。震災から10年が経って給与削減の話が突然出てくるのは職員として納得できないという気持ちもよく分かる。

しかし計画全体の枠組みが崩れてしまうので給与削減総額を変えるわけにいかなかっ

た。そのため、職員組合との交渉を繰り返す中で、若い職員の給与カット率を緩め、知事をはじめ幹部職員の給与カット率を深掘りする修正も加えた。

当時、兵庫県だけではなく、三位一体の改革に伴う地方交付税の削減により、全国的に財政悪化で人件費削減に踏み込まざるを得ない自治体が続出していた。財政力の弱い市町村では、持続可能性がないと合併を選択するところも増えていた。どこの自治体もそれだけ厳しい財政状況に追い込まれていた。

そして交渉の最終局面では、組合側から給与削減が避けられないなら、せめて「明るい職場環境づくりに真摯に取り組んでほしい」という強い要望があった。

分かりやすく言えばパワハラの撲滅だ。

今でこそ「パワーハラスメント」は明確に法令上も禁止されているが、当時、パワハラが一部で横行しており、因果関係は不明だが県庁舎で職員が飛び降り自殺をするという痛ましい出来事があった。その後に自殺防止対策のために飛び降りできないよう金網を張ったという報告を聞いたときは、それは違うだろうとさすがに呆れたことを覚えている。本当に必要なのはパワハラの撲滅であるはずだ。

財政健全化に職員の協力を得るためにも、この問題は見過ごすことができない。知事、副知事とも相談し、県庁としてパワーハラスメントは許さないという方針を徹底し、その後にパワハラを行うとされた幹部を人事異動するという形で明確に対処した。これは思っていた以上に職員から高い評価を得ることができ、感謝の声も多かったと聞く。

都道府県の将来負担比率の判断基準が一般市町村の350パーセントより緩やかな400パーセントに設定されたため、結果的に兵庫県は国の管理下に置かれることにはならなかったが、新しく条例を制定して県独自の財政健全化計画として「新行革プラン」の策定を位置付け、自主的に行財政構造改革を進めた。これは全国で初めてのことであった。

この「新行革プラン」は広く県内有識者が参加する審議会で議論いただき、県議会の議決も経て推進されることになった。

あれから10年が経って、兵庫県の実質公債費比率は目標だった18パーセント（地方債の発行に国からの許可が不要となる水準）を下回り、一般行政部門の定員3割削減も達成する一方で、一般職員の給与カットは解消されたようだ。

地縁と信頼

ところで、組合交渉では一つ不思議な地縁の巡り合わせを感じたことがある。

私の実家は姫路市北今宿にあるのだが、組合交渉でキーパーソンとなる兵庫県教職員組合の委員長がご近所にお住まいで、私の亡くなった祖父と委員長の母上が高岡小学校のＰＴＡでお互いよく知っていたらしい。また、兵庫県職員労働組合の委員長もたまたま私の実家のすぐ近くに住んだことがあったそうだ。私自身も幼稚園、小学校時代は兵庫県で育ち、教師をしていた祖父や叔父の教え子も地元には多かった。

不思議な地縁があることで、一種の信頼感が醸成されるところがあったかもしれない。

国から落下傘で来て、ドライに切るだけ切ったら、さっさと東京に戻るようなことはないだろう。これだけ地元に縁の深い人なら、自分たちのことを一顧だにせず、財政再建至上主義でバッサリ職員給与を削減するような冷酷なことはしないだろうという、地元に根付いた信頼感があったことは、厳しい組合交渉を乗り切っていく上でプラスに働いたと思う。

地元兵庫の地域SNS「ひょこむ」忘年会。無農薬農園で収穫した野菜や果物は格別の味わいだ

地方の実態に即した制度設計

総務省地域力創造グループ地域自立応援課

要件の妥当性を吟味する

２０１１年８月、私は総務省の地域力創造グループ地域自立応援課長に異動した。引き継ぎの際、前任者から「定住自立圏構想はうちの課の看板施策なので、大臣や政務官の理解が得られるよう努めてほしい」との説明を受けた。

「定住自立圏」とは、２００９年４月に全国展開が始まった制度で、人口５万人程度の中心市と周辺市町村が協定を結ぶ仕組みだ。圏域内の市町村が連携して行政の効率化、住民サービスの向上を図り、人口定住の受け皿をつくる。

しかし同年９月に自民党から民主党への政権交代があったことで、定住自立圏構想に疑問符が付いた。総務省が定める要綱に基づいて、定住自立圏に取り組んでいる市町村には特別交付税など財政支援措置が講じられていたが、法律上の根拠もなく、総務省の役人の裁量で定めた要件に基づいて、自治体の施策を誘導するのはおかしいという指摘だ。

定住自立圏を構成する市町村の中心市になると手厚い財政支援が受けられるが、中心市となるには「人口５万人程度以上、昼夜間人口比率（昼間人口÷夜間人口×１００で算出される）１以上」といった要件が定められていた。

この要件だと、当時の福田昭夫政務官の地元である栃木県の旧今市《いまいち》市が昼夜間人口比率１未満なので定住自立圏の中心市から外れてしまう。日光地域の中心として、これまでも広域行政の中心的役割を担ってきた今市市が対象外になるとは、そもそも制度の要件の定め方がおかしいのではないか、というのが福田政務官の疑問だった。

一般的に広域圏の中心都市は企業や学校が立地するので、昼間は通勤・通学で周辺市町村から通ってくる人が多く、昼夜間人口比率の値は１を超える。これで「中心市」と考える。

この要件を安易に外してしまうと、「うちが中心市だ」と複数の自治体から手が挙がって収拾がつかなくなる。それまで広域行政がうまくいかなかった原因の一つに自治体の横並び意識があり、生活圏域内に同じような施設が複数建設されるといった無駄も見られた。そこで総務省の方針として、それまでの広域市町村圏の要綱を廃止し、圏域の中心となる市の要件を明確にして、定住自立圏構想を推進していたのだ。

政治主導の民主党政権の下、大臣や政務官の理解を得られない施策は進めにくい。しかし、だからといって合理的理由もなく安易に要件を変更するわけにもいかない。さてどうするか。

ここが知恵の絞りどころである。

まず着目したのが、基準となっている昼夜間人口比率の値だ。1を超えない市は地域の中心とは言えないというが、果たして本当にそうなのだろうか。地方の実態をよく把握せず、東京目線で考えた一面的な基準に過ぎないのではないか。

そこで、全国的に昼夜間人口比率が1未満の都市の実態を調べてみた。すると北海道の北見市、伊達市、群馬県の沼田市、山梨県の富士吉田市など、近隣に大きな都市はなく、広域圏の中心市にふさわしいイメージなのに、昼夜間人口比率が1未満の都市が実はあることが分かった。そして、もう一つ注目したのが、これらの都市の周辺に昼夜間人口比率が1を超える町村が存在していたことだ。こうした地域には、日本三百名山の完登を目指して全国各地を歩いていた私に馴染みの市町村が多かった。北海道のアウトドアガイドのように豊かな自然が雇用を生み出す現場を見てきた私にとって、現行制度はこうした地域を切り捨てる画一的な大都市重視の施策に思えてきた。

杓子定規な基準に疑問を持つ

豊かな大自然が広がる国立公園などを後背地に有し、温泉やホテル、あるいは鉱業、林業などが雇用を生み出している地域がある。しかし、そうした自然豊かな国立公園エリアなどはさまざまな規制もあり、住宅地には適さないため、病院や学校などのある拠点都市に居住し、自然豊かな後背地に通勤する人がいることが分かってきた。

東京のサラリーマン感覚では、「雇用は都市が生み出す」と思いがちだ。そうした先入観で昼夜間人口比率が１以上でないと中心市と認めないという杓子定規《しゃくしじょうぎ》な基準の方に問題があるのではないか。

福田政務官の地元である旧今市市も、後背地に日光国立公園の中禅寺湖などを抱え、今市に住んで国立公園エリアのホテルなどに通勤している人が実際多かった。

自然豊かな地域へ、学校や病院がある近隣都市から通勤するという方々が多いため、昼夜間人口比率が１を下回っているとしても、そうした自然豊かな地域を支える居住拠点都市として圏域の中心市的な機能を果たしていると言えるのではないか。

さっそく福田政務官にこの考え方で検討を進めたい旨報告すると、「わが意を得たり」とご快諾いただけた。そこで、全国の実態と具体的な要件を検討するため「多自然地域を後背地とする居住拠点都市の振興に関する研究会」を設置した。早稲田大学の後藤春彦教授を座長として、明治大学の小田切徳美教授、日本総合研究所の藻谷浩介主席研究員などに委員にご就任いただき、1年間にわたり検討を重ねた。

要件の合理性にさらに切り込む

その検討過程でもう一つ新しい着眼点が得られた。それは、人口5万人程度以上という要件も本当に合理的かどうかという点である。

人口密度が低くても面積さえ広ければ町村同士の合併でも5万人を超えることはある。しかしそれで果たして圏域の中心都市としてふさわしいと言えるのか。私たちは都市の特徴としてＤＩＤ（Densely Inhabited District：人口集中地区）に着目した。

観光地など交流人口が多いといった事情のないＤＩＤ人口が1万人未満の市については、行政機能は残っているものの、ファストフード店やレンタルビデオ店などの民間施設は出店しない傾向がある。一方で、地方圏でも一定の都市機能が集積する1万人以上の中心市街地では北海道の伊達市や富良野市のようにＤＩＤ人口が増加している例が存在した。

歩いて通学できる範囲の中心市街地の小学校区に1万人以上の人口規模があれば、1

学年2クラス以上の小学校が十分に維持できるので、教育環境としても望ましい。

また、少子化が進む大都市より多自然地域は出生率も高いので、大都市への人口流出に歯止めさえかければ、むしろ持続可能性がある。例えば、1人の女性が生涯に生む子どもの数（合計特殊出生率2008〜12年の平均）を見ても熊本県人吉市は1・94、後背地にある錦町、あさぎり町、山江村は2・0を超え、多良木町《たらぎちょう》と湯前町《ゆのまえまち》も1・9を超える。

そして、グローバル化による激しい競争下では誘致した企業が倒産したり、工場が閉鎖されたりすることもあるが、森林や国立公園など豊かな自然の生み出す雇用は、大人数ではないかもしれないが持続可能性がある。東京一極集中を止めるための人口のダムをつくるとしたら、むしろこうした地域こそ支援すべきではないか。

北海道富良野市や熊本県人吉市ではDID人口が1万人を超えていたが、「5万人程度以上」という人口要件を満たさないために定住自立圏構想では、中心都市として認められていなかった。もし、これらの都市を広域圏の中心市として財政支援できないと国が突き放し、病院などの都市機能がなくなってしまったら、せっかく豊かな自然が雇用を生み出している周辺町村も含め、圏域全体が衰退してしまう。

いわゆる多自然地域においては、大人数の雇用を生み出す企業や工場はなくても、森林や国立公園の豊かな自然が雇用を生み出し、昼夜間人口比率が1を上回るような町村がある。そのような多自然地域を後背地とする居住拠点都市は、たまたま合併が進まず人口5万人を超えていなくてもＤＩＤがあれば、多自然地域を支える圏域の中心市として広域行政の中核を担ってもらうべきではないか。

その後、政権は民主党から自民党に移ったが、政務官が代わったからといってストップするような忖度で始めた検討ではない。確かに政務官から現行制度に疑問が呈される状況を打破するため研究会を発足させた。しかし、豊かな自然が生み出す雇用という新たな視点から有識者による議論も重ねた成果は、ぜひ総務省の施策として実現したいと私は考えた。そして、3月に報告書がとりまとめられた。研究会の検討結果を踏まえ、総務省ではＤＩＤの存在など都市としてふさわしい要件を加えた上で、定住自立圏の中心市対象要件を一部緩和し、自然豊かで雇用を創出しているエリアを後背地とする居住拠点都市を中心市として、定住自立圏を形成できるように制度改正を行った。

霞が関から東京目線で考えた制度を全国一律に地方へ押し付ける弊害は少なくない。全国各地の山々を歩き、公務員人生の半分は自治体職員として働いてきた私の目から見ると、東京一極集中の危うい現状を突破するには、自然エネルギーや食料に恵まれた地域において、もっと自立分散ネットワーク型の地域づくりを応援するような施策を展開すべきだと強く思う。

山梨県富士吉田市と北海道伊達市の写真を載せた研究会報告書

Column

突破力——運動会の棒倒しとエール

私と同様、転勤族だった父の仕事の関係で、転校が多い子ども時代を過ごした。高校からは電車で30分足らずで通えた開成高校に入学した。開成高校といえば東大合格者の多い進学校というイメージが強いかもしれないが、激しい肉弾戦が繰り広げられる運動会を見れば、その印象が少し変わるかもしれない。「突破力」という言葉で思い出すのが毎年5月の運動会名物として知られる「棒倒し」だ。高校3年の本番でも敵の守備陣をかわして棒に跳びつき、味方の勝利に貢献することができた。

荒ぶる運動会に一服の清涼感をもたらすハイライトが、赤組から黒組まで色とりどりの八つのチームが競うエールの斉唱。我々黄組のエールは私が作曲した。この時、一緒に作詞をしたのが松本大君（現在、マネックスグループ株式会社取締役会長兼代表執行役社長CEO)。彼が運動会のパンフレットにこんなことを書いていた。「今年の黄組のエールの詞は開成の運動会のエールとしては珍しく意味がわかります」。確かに難解な歌詞より、分かりやすく伝わる言葉が大切だ。今思い返しても彼はとてもウイットに富む男だった。仲間たちと一丸になって敵陣を突破した棒倒しの写真は私の宝物だ。

開成高校の運動会にて
敵陣の上に跳び乗っているのが筆者

第4章

現場重視

道内百山 2年4カ月で制覇

札幌の道職員・牧さん

最後のウペペサンケ山 絶景に達成感

高さ 美しさ 標…「登りがいがあった」

北海道でも３年間で150座近い山に登り、道内各地の現場をくまなく歩いた（北海道新聞夕刊 地方 帯広・十勝版／2001年10月16日掲載）

昭和天皇崩御の朝

自治省消防庁総務課

行事は中止か、実施か? 迫られる判断

1989年1月7日の早朝、昭和天皇崩御のニュースで目が覚めた。

例年なら、1月7日といえば全国各地の消防本部の多くで、勇壮なはしご乗りや迫力ある一斉放水などを披露する新春恒例の消防出初《でぞ》め式が開催される日だ。

早朝からこれは忙しくなりそうだと予感しながら、東京・霞が関にある消防庁総務課に午前8時30分に出勤した。執務室に入ると電話の呼び出し音が鳴り響いている。朝っぱらから、問い合わせの電話がこれほど掛かってくることはめったにない。

私の机の上にある電話の受話器を取ってみると、聞こえてくる声は差し迫った感じだ。予定通り出初め式を実施してよいものか、午前10時に開始予定なので1時間前の9時までには、実施するか中止するか決めたいとの内容だった。

昭和天皇の病状は、前年の年末から悪化していた。消防出初め式は例年なら1月初旬に開催するところが多い。各地の消防本部の中には華々しいイベントは控えて、「訓練始め式」として1月6日までに粛々と実施したところもあった。

ところが、1月7日の天皇崩御である。今は上司が不在なので確認して折り返し電話する、と相手に取り急ぎ伝えて受話器を置き、総務課の上司の自宅に電話で連絡を試みた。しかし案の定、すでに自宅を出た後で、通勤の途中らしく連絡がつかない。今から30年以上も前のこと、便利なスマートフォンも携帯電話もなかったので、どうしようもない。

通常、上司が出勤するのは午前9時30分ごろだったが、電話の相手からは午前9時までには返事が欲しいと言われており、私が消防庁を代表して現場である消防本部に返答しなければならない状況となってしまった。

さて、どうするか。

他の電話から伝わってくる現場の状況も聞いてみると、どうも中止したい意向の消防本部とそうではない消防本部に分かれているようだった。私が感じ取ったのは、問い合わせをしてきた担当者らは別に消防庁の判断を求めているわけではなく、現場でこうしたいという大筋の意向がすでにあり、その方針で良いかどうか消防庁のお墨付きを得たいのではないかということだ。現場に残る一部の異論を抑えるため、消防庁もそう言っているると説得することもできる。

「それぞれの消防本部のご判断にお任せします」――事なかれ主義の担当者なら、そう答えたかもしれない。無難な回答ではあるが、現場からわざわざアドバイスを求めてきたにもかかわらず、消防庁はいざという時に頼りにならずガッカリだ、と思われかねない。だからといって、中止あるいは実施可と決め込んで一律に答えれば、現場の状況に合わせて内々に決めていた方針と異なる見解を示された消防本部は混乱に陥るだろう。

まずは現場の状況を確認する

このとき頭に浮かんだのは、NHKのニュース番組で放送されていた「歌舞音曲を伴う行事やイベントは控えてほしい」という政府からのメッセージだった。

消防出初め式は、まさに歌舞音曲を伴うイベントだ。例年なら、華々しいパレードや消防音楽隊の演奏、消防団によるはしご乗りや演舞などが催される。それを「訓練始め式」として厳格な形で粛々と執り行う場合であっても、中止すべきなのか。

そこで私の下した決断はこうだ。

現場の状況によく耳を傾けた上で、予定通り「訓練始め式」として実施したそうな消防本部の担当者には「歌舞音曲を伴わない形で、粛々と訓練を実施することは差し支えない」、中止にした方がいいというニュアンスが伝わってくる担当者には「歌舞音曲を伴うようなら、控えられた方がいい」と伝えた。

幸いどちらの回答にも後から苦言が聞こえてくるようなことはなかった。窮地が過ぎ去った９時30分ごろに出勤してきた上司も「その対応で問題ない」とのことで一安心した。

後に私が消防大学校長となり、入校初日に行っていた講話では「常に問題意識を持って、情報収集のアンテナを高く張り、状況に応じて自ら考え工夫し、積極的に課題解決に取り組む」という心構えについて、消防幹部に説いてきた。

私が直面した昭和最後の日における行動も、一つの実践例だ。天皇陛下が崩御したら、消防出初め式をどうすべきか問題になるだろうなと意識して、ニュース報道などから幅広く情報を集める。そして、現場にお任せという責任逃れの無難な回答に終始することなく、現場で課題を解決できるよう工夫して積極的な回答に努める。

すでに参加者が全員集合して整列している状態なのか、いつでも中止できるよう屋内に待機しているのか、現場の実態はそれぞれの地域や事情で大きく異なるだろう。現場の状況を踏まえて適切な判断の後押しをするのも、消防庁の仕事だ。公務員としての知恵の出しどころは、杓子定規《しゃくしじょうぎ》な法令解釈を振り回すのではなく、現場の実態を踏まえ、法令や通達などの趣旨は守りながらも、いかにして現場に適した対応を取るかだと考える。

何よりも国民の命と暮らしを守るという消防の使命を忘れないことが大切だ。派手な行事は自粛するとしても、火事や災害に備えた訓練がおろそかになるようなことがあってはならない。

消防の分野での有名な法令解釈の一つとして、女性消防士が救急隊員になれるかという議論がかつてあった。女性には30キログラム以上の重量物を持つ業務に就労規制があったのだ。女性でも男性並みの腕力を発揮する人もいるし、救急の現場では傷病者への配慮など女性のホスピタリティを生かす場面も多い。現場の実態を踏まえて女性も救急隊員として活躍してもらうべきだという時代のニーズに応えて、「人（急患）はモノ（重量物）ではない」と解釈することによって女性消防士の活躍分野が広がった。

実は1月7日は、私の24歳の誕生日だった。2月の冷たい雨が降る新宿御苑で執り行われた昭和天皇の国葬「大喪の礼」にも、私は全国の消防関係代表者の引率役として参列した。

私は、昭和から令和に掛け三十余年の公務員人生を歩んだが、時代の大きな節目と重なった消防庁総務課における経験は、忘れることのできない思い出となっている。

2020（令和2）年1月5日、消防大学校長として神戸市出初め式で来賓祝辞

山に登って地域を知る

島根県総務部財政課

「島根百山」に登ったきっかけ

1995年に島根県に赴任した私は、2年目から財政課長として県庁の予算査定を担当していたが、文書や記載された数字からは分からない背景や実態を把握しておく必要性を痛感していた。

「役所の課長席に座っているだけでは、地域の実情は分からない。県内各地に足を運び、地元の皆さんと地域をくまなく歩いてみよう」

県庁所在地の松江市は島根県東部にあり、本土から離れた隠岐《おきの》島や県西部の石見《いわみ》地域へは距離も遠い上に鉄道やバスも不便で交通手段も限られており、出張しても日帰りは難しかった。

さらに私が赴任した頃、宮城県や北海道をはじめ全国各地の自治体では、公費による官官接待が問題になっていた。風潮として、県職員と市町村職員が一緒に酒を飲むのを控えようというムードが広がっていた。例えば、補助金を申請する側の市町村職員と交付する側の県職員であれば利害関係者に該当し、たとえ互いの支払いが割り勘であっても、少人数で会食することは控えるべきとされた。

島根県庁でも、私が財政課に異動した半年後の96年9月、市民オンブズマンによる情報公開請求をきっかけに、監査委員事務局で架空の出張旅費を請求していたカラ出張が明らかとなり、全庁的に予算の不適正執行が大問題になっていた。

まさに「羹《あつもの》に懲りて膾《なます》を吹く」状態で、用心を重ねるあまり酒を酌み交わすこと自体はばかられ、飲み会を通じた情報も入ってこない。県と市町村の職員の間が疎遠になることも懸念された。

さて、どうしたものか。

そこでじっくり公務員倫理規程等を読んでみると、何から何まですべて禁止というわけでもないようだ。癒着関係が疑われるような金銭が絡む行為は禁止されていたが、例えば、不特定多数が参加する会費制の立食パーティーなどは参加可能とされていた。

また、ゴルフでの歓待や少人数での飲食はアウトだが、山に登って缶ビールで同行者らと一緒に乾杯をするのはOKとされていた。ゴルフは屋外で行われるが、4人以下で密談できる環境にあり、賭けゴルフや接待ゴルフの悪いイメージもあって禁止されていた。一方、登山での乾杯は、重い荷物を背負って山に登ってまで接待する人などいないと考えられたのだろうか。「山に登って缶ビールで乾杯ならＯＫか。何なら、同行者の皆さんの缶ビールくらい、私が担いで登ってもいいな」

島根県に赴任する前に通産省（現在の経済産業省）にいたときの長時間勤務と運動不足で、入省時に比べて私は20キログラム以上も太っていた。登山で缶ビールを担ぐ程度の負荷なら体のシェイプアップにもつながり、地域の現場を見て回れるのに加えて、心身の健康にもプラスになる。

山登りの苦労を共にして山頂で達成感を味わう。この共通体験は、人のつながりを深める。仕事上だけの人間関係は長続きしないが、山仲間の付き合いは長続きする。

お金で人間関係を買うようなことは許されないが、倫理規程をよく見れば、互いに無事に登頂できたことを祝って乾杯するような仕事にも役立つ新しい仲間づくりが、すべて禁止されたわけではないと理解した。

このルールを奇貨として、市町村職員やまちづくり関係者など地元の皆さんと山に登り、大いに交流を深めることができた。車の運転が必要ないときは、もちろん私も冷えたビールでの乾杯付きだ。

島根県での山登りは、当初は県内の市町村数59よりも一つ多い60座の完登を目標に登り始めた。60座を完登した後、登った山々を『あうん』という市町村向けの県の広報誌に掲載した。すると「うちにもこんないい山がある」という情報が県内各地から寄せられた。そこで、完登した60座に新たに40座を加えて１００座に登ることを目標に掲げ、島根県で勤務した3年間でとうとう県内百山の踏破を果たすことができた。

東西２００キロメートルにも及ぶ細長い島根県におけるおそらく史上初の快挙として、大手紙の地方版に記事として掲載された。「島根百山」の魅力を広く知ってもらおうと、当時流行し始めたインターネットのサイトにも、山名リストを公開した。

山に登って気付かされたこと

島根県の山々を登っていて感じたのは、地元の皆さんの尽力で登山道が整備され、小学校の遠足などで子どもたちが地元の山に登っている地域は、元気があるということだ。

津和野町の中島巖町長や地元の皆さんと一緒に、島根県と山口県の県境にある十種ヶ峰に登ったときのことだ。昔、学校行事で登ったときに山頂に設置した子どもたち手作りのコンクリートのモニュメントを同行者らが見つけ、大の大人たちがうれしそうに盛り上がっていた。津和野町では、青野山にも「あと１０００メートル、がんばれファイト！」といった小学生の手作り看板が、登山者を励ますように１００メートルごとに設置されていた。

中海《なかうみ》の眺望が良い安来市の独松山《どくしょうざん》でも、ＰＴＡなど地元の皆さんが登山道を整備し、小学生だけでなく幼稚園児の遠足コースにもなっているそうだ。子どもの頃に山に登った共通体験は、ふるさとの忘れ難い思い出になる。

島根が取り組むべき課題

当時、頓原《とんばら》町の景山一町長や吉田村の堀江眞村長と大万木山《おおよろぎさん》に登ったが、ブナ林の素晴らしい魅力に圧倒された。

島根県の大半は、ブナ林に代表される自然豊かな中山間地域である。中山間地域は河川流域の上流に位置し、平野の外縁部から山間地までの地域を指し、農林産物の生産や地域住民の生活の場であるとともに、国土保全などの多面的機能を担っている。しかし、住民の過疎・高齢化が進み、農林業の生産活動は停滞傾向で、集落機能の維持・存続や公益機能の維持・保全も困難となりつつある。こうした状況を打開・克服し、自然豊かな中山間地域を活性化することこそ、島根県が全国に先駆けて取り組むべき課題だという確信が山歩きを通じて深まった。

その頃、島根県中山間地域研究センターの設立と新たな施設整備の構想が浮上していた。今までの農業試験場とは異なり、地域研究部門も備えた本格的な研究施設だ。私もその実現に向けて応援団となり、98年度予算には新施設の設計費も計上された。私が島根県を離れた98年4月に発足した中山間地域研究センターは全国で唯一、中山間地域の課題に特化した研究施設として、島根県だけでなく中国地方5県の共同研究センターとして位置付けられた。

その後、２００２年に新しく飯南町に整備された中山間地域研究センターに12年11月、地域おこし協力隊の研修の講師として訪れる機会があった。

都会のビル内の会議室で行われる研修と違い、そのままフィールドワークに出られる恵まれた環境にある施設は、全国各地から集まった地域おこし協力隊員の熱気であふれていた。

私にとって山に登ることは、生の情報を求めて現場を歩く旅でもあった。島根百山を完登した私は、その後に赴任した北海道、兵庫県、九州でも百名山の踏破を目指して山に登り続けることとなる。

メーリングリストの仲間と登山道を整備

北海道総務部財政課

インターネットでつながる北海道の山仲間

北海道で勤務した3年間にも、北海道百名山をはじめ道内のほか青森県の日本百名山2座も含め150座以上の山々に登ったが、山仲間の輪が広がったのは、1999年12月に設立された「北海道の山メーリングリスト（北海道、山、メーリング、リストの頭文字から略称「HYML」）」に参加したことがきっかけだ。

HYMLは登録会員にインターネットを通じて電子メールを同時配信するメーリングリスト。北海道の山々を愛する仲間の集まりだ。広大な北海道の山々について、登山口までの道路の状況、山の危険箇所、高山植物の開花状況など豊富な最新情報を交換する。初級者から上級者に至るまで、1日に20件から30件ほどの投稿があった。実際にメーリングリストのメンバーが直接に顔を合わせるオフ会も活発で、定期的に開催される懇親会には毎回30人から50人ほどが参加し、気の合う仲間と誘い合わせて一緒に山を登る機会も多かった。ＨＹＭＬのメンバーに刺激を受けて私も自らホームページを作成し、山で撮った記念写真などを次々と公開した。

ＨＹＭＬの仲間とは、雪山ハイキングのガイドブックである『北海道スノーハイキング』も共同執筆して出版した。このガイドブックは初版から10年余り経っているが、３度の改訂を重ねて出版されたロングセラーとなっている。

そんな山仲間たちとの交流、顔の見える地域コミュニティ的なメーリングリストのつながりから生まれたエピソードがある。

ササが伸び放題の登山道に苦戦

「このままでは廃道になってしまう！」

北海道に赴任して２年目の夏、札幌岳（標高１２９３メートル）から空沼岳《そらぬまだけ》（標高１２５１メートル）まで、山仲間６人で縦走したときのことだ。私たちは、縦走路に繁茂するササに悪戦苦闘した。

札幌岳と空沼岳は、公共交通機関で登山口まで行くことができる。どちらも登山道の途中に山小屋（札幌岳には冷水小屋、空沼岳には万計山荘、空沼小屋）があり、札幌市近郊の人気のある山だ。札幌市内で唯一、標高１０００メートル以上の縦走が楽しめる貴重なコースとして登山ガイドでも紹介され、10年ほど前までは、よく整備された快適な縦走路だったらしい。

ところが、一帯を管理する林野庁は予算が厳しいため、縦走路のササを刈る作業まで手が回らず、３年ほど前から登山道の荒廃が進んだという。二つの山を結ぶ約７キロメートルの縦走路は、大人の背丈を超えるササが伸び放題で、登山道がどこにあるのかも不明瞭。わずかな踏み跡をたどり、道に覆いかぶさるササをかき分けて何とか前進したが、７キロメートルにわたる藪漕ぎの縦走は困難を極めた。

下山した後、私は札幌岳から空沼岳の縦走路が荒廃している現状についてＨＹＭＬに報告した。私の投稿を見た山仲間たちから、さっそく反応があった。「地元の山だけに、このままにはできない」「何とかならないものか」とさまざまな声が上がり、ネット上で活発に意見が交わされた。

実は、このルートを縦走した登山者からは、他にも相当な苦戦の声が寄せられていた。それまでも縦走路の荒廃について、登山者の間では懸念されていたのだが、ササ刈りをする人が集まらずに放置されていた。一人一人の登山者の力では７キロメートルの登山道のササ刈りは困難だ。登山道は荒れ、利用する人がさらに減るとササが生い茂り、登山者の足がますます遠のく悪循環に陥る。縦走路は実際、初心者なら引き返さざるを得ないほどに荒廃していた。

メーリングリストを活用し ボランティアを募集

利用者の減った登山道の整備に予算を割く余裕は、行政にはない。

「そうだ。仲間を募って、みんなで力を合わせて解決する道を考えよう」

そう思い立った私たちは、ＨＹＭＬの有志で「山の道を考える会」を結成した。そして、ササ刈りに参加してくれるメンバーを募った。草刈り機は燃料代がかかるので、１人２０００円ほどの会費も徴収することにした。

「果たして、会費を払ってまで参加してくれる人がどれほどいるだろう」

不安をよそに、約40人のメンバーが、１泊２日のササ刈りボランティアに参加したいと申し出てくれた。

山の斜面のササ刈りは、平地の芝刈りや草刈りとは大違い。大人の背丈を超えて繁茂し密集する太いチシマザサが、登山道の踏み跡に覆いかぶさって、トンネル状になっている。通過するだけでも大変な標高１０００メートルを超える縦走路に、草刈り機とその燃料を背中に担いで持ち運んだ上で作業しなければならない。作業後も再び重荷を背負い、来た道を下山するには相当な体力が要求される。

初日は早朝5時半に山麓の駐車場に集合し、3人1組でチームを組み、7キロメートルの縦走路を札幌岳側と空沼岳側の2方向に分かれ、作業に当たった。3人のうちの1人は、高速で回転する円盤型の刃をササの根元へ叩きつけるようにしてササを刈る。あとの2人は、刈り取ったササを左右にはねのけて、登山道の空間を確保する。どちらの作業も重労働だ。交代で作業し、みんな汗だくになった。

それでも登山道が抜けて視界が開けるとスッキリした気分になる。これから訪れる登山者が快適に楽しく縦走できるだろうと想像すると充実感もあった。

夕方までに作業を終え、万計山荘に宿泊した夜は、北海道の山に対する思いや情熱をメンバーの間で語り合い盛り上がった。翌日も含め2日間を費やして縦走路のササ刈りは完了した。話を聞きつけて地元紙の新聞記者もササ刈りに加わり、われわれの活動は新聞記事にも大きく掲載された。

島根県でも地元の小学生が登る里山でＰＴＡの方々が登山道のササ刈りを実施しているという話は聞いたが、ヒグマが出没する標高１０００メートルを超える縦走路のササ刈りは難易度も高い。行政も手が回らない縦走路の整備。インターネット上の山仲間のつながりで、北海道では縦走路のササ刈りを実現したのだ。

当時、新しく登場したインターネットのつながりで、実際に行動力を伴うようなコミュニティが果たして形成されるものなのかどうかという懐疑的な意見もあったが、答えは明快だった。

顔の見えるリアルな活動と併用すれば、インターネットは新しいコミュニティを形成するための大きな力となる。私はＨＹＭＬの仲間たちとの交流を通じ、ネットコミュニティ時代における新しいボランティア活動の大きな可能性を感じた。

北海道新聞（夕刊）　2000年（平成12年）10月18日（水曜日）

空沼岳　荒廃進む縦走路7キロ　札幌岳

登山者よ再び　ササ刈り奮闘

有志40人　2日がかり

整備の在り方は　北大の愛甲助手に聞く

利用者参加で対応迅速　行政は資金援助検討を

これでは廃道に

「考える会」を結成

メールが発端

縦走路ササ刈りの様子を伝えた北海道新聞の記事
（北海道新聞夕刊／2000年10月18日掲載）

HYMLの仲間たちが開いてくれた送別会にて。
共通の趣味を持つ仲間たちとの懇親会は大いに盛り上がる

国家公務員の新規採用抑制でひと工夫

総務省行政管理局

現場が困らない例外措置

２００９年9月に自民党から民主党へと政権が移行した翌年の4月、私は4年間勤めた兵庫県から総務省に復帰し、行政管理局の管理官として文部科学省、法務省、警察庁などの行政機関の組織や定員の審査を担当することになった。現在は内閣人事局でやっている業務だ。

当時の民主党政権では、国家公務員の人件費削減を公約に掲げており、東日本大震災が発生した後に給与の1割カットが実施された。それとともに国家公務員の定員を削減するため、新規採用も大幅に減らすという方針が打ち出された。

私が担当していた法務省では刑務所、少年院などの施設を所管し、府中刑務所、多摩少年院、島根あさひ社会復帰促進センターを視察していた。

府中刑務所は、再犯者や外国人、精神に障害のある受刑者などが収容される日本最大の刑務所だ。受刑者は視察者と目を合わさないよう指示されていたが、重苦しい独特の雰囲気に圧倒された。一方、多摩少年院は、罪を犯した20歳未満の少年が社会生活に適応できるよう、その健全な育成を図ることを目的する矯正教育施設だ。多摩丘陵の四季の変化に富んだ丘の上に建つ全寮制の学校という感じで、思ったより明るい印象を受けた。

ちなみに、島根あさひ社会復帰促進センターがあるのは、私が島根県商工労働部で企業誘致に取り組んでいた「旭工業団地」のあった場所だ。インターチェンジに近い立地条件ながら企業誘致には苦戦していた。結果的に、初犯の交通犯罪など軽い罪の受刑者を対象とし、ＰＦＩ手法を活用した新しいタイプの官民協働刑務所が立地したことで、受刑者以外に、官民合わせて職員５５０人が勤務。地元小学校の児童数も増え、新設された受刑者向けの診療所では地域住民向けの診療も一部行われており、医療環境も向上した。工場が立地するよりかえって良かったと思う。

さて、話を戻そう。刑務所の場合、一定数の受刑者を管理する必要があるので、簡単に職員を減らすのが難しい職場だ。しかも、外界から隔離された空間で厳格な時間管理の下、夜勤もある24時間交代制勤務。受刑者のトラブルを防止するための管理業務によるストレスが蓄積するなど心労が多い上、転勤も多い職場のために辞めてしまう職員も多い。慢性的に定員を上回る受刑者への対応で現場は人手不足に陥っていた。

新規採用を減らすという政府の方針は守った上で、現場が困らないように何とかできないものか。当時、法務省で人事を担当していたのが林眞琴課長。現在の検事総長（21年4月時点）だ。東京都目黒区内にある同じ国家公務員宿舎だったので、朝の出勤時に宿舎のエレベーターでよく一緒になった。

通勤時の短い時間だが歩きながら「政府（民主党政権）の打ち出した方針通り新規採用の削減が続くようなら、どの省庁も現場がもたない」といった雑談を交わした。実際の刑務所も見ていた私としては、刑務所の業務が回らなくなってしまうような現場を無視した一律削減は無理筋だと思っていた。しかし、政権の方針は固く、全体的な削減率の緩和は難しそうなので、何か例外措置のようなものを考えるしかないという感じだった。

その後、総務省行政管理局が法務省人事課と協議する中で、一つの知恵をひねり出すこととなった。その知恵とは、新任から間もない刑務官の離職率の高さに着目した例外的な取り扱いをしてはどうかというアイデアだ。

刑務官のように離職率の高い職種は少なく、全体に波及して削減方針が緩んでしまう心配も少ない。この案は行政管理局の局議でも承認を得て、閣議決定に例外規定が盛り込まれた。全体として２０１２年度の新規採用者数は09年度比で約３割抑制されることになったが、例外規定によって、刑務官の若手離職者の穴を埋めるために年度内に別枠で採用を行うことができるようにした。

　新年度が始まってから次々と若手職員が辞めてしまい、現場が機能不全に陥ることがないよう配慮したものだ。閣議決定された内容では、公安職などの厳しい職場で新規採用された者が3年を経過せずに辞めてしまった場合、その欠員分の採用は別枠でできることとされた。

　たとえ現場の実態を踏まえずに、政治主導の強硬な方針が示されても、現場が困ることがないように知恵を絞り、現場の仕事が円滑に回るように努めるのが、当時の総務省行政管理局としての仕事だった。もちろん、講じた措置については合理的な理由の説明が求められ、情報公開などを通じて透明性が担保されることが前提である。

車座ふるさとトークを企画

総務省地域力創造グループ地域自立応援課

地域住民と大臣、ひざを突き合わせて語り合う

総務省の課長として担当した仕事について、第1回「車座《くるまざ》ふるさとトーク」を最後に挙げておこう。

自民党から民主党に政権が移行したとき、都市部だけでなく地方でも惨敗した反省に立ち「車座」、つまり輪になって座り住民の意見に耳を傾けようという活動が自民党で行われていた。自民党が再び政権に復帰した後も、政府として地道な活動を続けようということで、大臣、副大臣、政務官が地方に出向いて、地域住民の声を直接聞く会として始まったのが「車座ふるさとトーク」だ。

その第1回に新藤義孝《しんどうよしたか》総務大臣が参加されることになり、私は担当課長としてどこで車座ふるさとトークを開催するか考えた。車座ふるさとトークは47都道府県を巡回して

開催されることになるが、初回の開催地はマスコミの注目度も高い。そこで浮かんだのが、徳島県の神山町《かみやまちょう》と上勝町《かみかつちょう》だ。徳島県の飯泉嘉門《いいずみかもん》知事なら、自治省の2年先輩なので話もしやすい。

神山町はかつて盛んだった林業が衰退し、1950年には2万1000人を超えていた人口は6000人を割り込み、最盛期に比べて7割以上人口が減少していた。過疎の町が持続可能な地域づくりを目指す「創造的過疎」を掲げ、空き家となっていた古民家などをリノベーションしてIT企業のサテライトオフィスなどの誘致を進め、町の人口の流入数が流出数を上回る「社会増」を2011年に実現していた。

そして神山町に隣接する町が、「葉っぱビジネス」で有名な上勝町だ。葉っぱビジネスは、季節の彩りを演出する葉っぱや花などを里山で採集し、料理に添える「つまもの」として販売するビジネスで、成功までの軌跡は「人生、いろどり」（2012年制作、配給：ショウゲート）として映画化もされた。上勝町も、最盛期に比べて人口が7割以上減少した過疎の町だ。

私は総務大臣に、地域づくりの取り組みが光るこの二つの町を1泊2日の行程で見てもらい、地域住民の皆さんと語り合う「車座ふるさとトーク」初回の企画を提案した。

昔の上勝町は、みかんの栽培が盛んだった時期もあるが、みかんの収穫は重労働だったらしい。「葉っぱの方がみかんより軽くて助かる」と言う地元のおばあちゃんの話には、私も思わずほほ笑んだ。タブレット端末から「つまもの」を受注する葉っぱビジネスは、早いもの勝ち。軽快にタブレット端末を操作し、年収1千万円以上を稼ぎ出す高齢のおばあちゃんの姿は、私自身初めて間近に見て新鮮な驚きがあった。

神山町については、移住者の多さと定着率の高さにわれわれは注目していた。車座ふるさとトークでは、米国スタンフォード大学院修了後、実家の建設業を継ぐために神山町へ帰ってNPO法人グリーンバレーを設立した大南《おおみなみ》信也《しんや》理事長らが活発に発言。高速のインターネット回線などの情報通信インフラを整備すれば、過疎地でもクリエイティブな仕事ができること、地場産業の後継者不足を解消し、必要な人材を確保するため、地域で移住者を選んで受け入れていることなどが紹介された。光ファイバー網が整備された神山町では、古民家近くの清流に足を浸しながら高速無線LANにつながったパソコンで仕事に取り組む映像がテレビで放映されて話題になった。こうした取り組みによって移住者が増え、それまで町内になかったパン屋や歯科医院なども開業した。

神山町には昔から四国八十八ヶ所の霊場を巡礼する「お遍路さん」を接待する文化があり、外国人の民泊など国際交流にも熱心で、国内外の芸術家を受け入れて地域住民の協力の下、作品を創作してもらう「アーティスト・イン・レジデンス」にも取り組んでいる。

神山町には、もともとよそ者を受け入れる風土があると聞いていたが、実際に現地を訪れてみて、多様な人材の受け入れに寛容で自由な空気を感じた。

全国には他にも、都会から離れ交通の便も悪い多自然地域の町村でも、神山町のように人口の社会増を実現している自治体があり、12年度には小学校の児童数に着目してそうした町村の持続可能性に関する調査を実施した。なお、その後も神山町の移住促進策は成果を上げ続けており、19年度にも人口の社会増を達成している。23年には新しく私立の高等専門学校も開校する予定だ。

第１回「車座ふるさとトーク」の様子。
右端にいる後ろ姿が筆者（総務省ホームページ）

Column

現場を知り、地元の人と交流する
―九州百名山を完登

　登山は、異業種を含め、多くの人たちと交流することができる有益な機会だ。山道を歩きながら、また下山してから温泉で汗を流し、冷たいビールを飲みながらざっくばらんに語り合うことができる。熊本市ではテレビ局や新聞社の若手記者の皆さんともよく山に登ったが、何気ない会話の中から地域の面白い話題を拾ってもらえるので、ありがたかった。山へ行く途中にもふらっと地域おこしの現場に立ち寄ることもできるので、公務で訪問する機会のないような現場の実情がよく見えてくる。

　熊本市への人事異動を上司から告げられたとき、思ってもみなかった人事だったので最初は戸惑った。しかし、次の瞬間、九州百名山を踏破する絶好のチャンス到来！ という考えが浮かんだ。かつて北九州市に勤務していた頃から九州の山々に登っていたので、残る九州百名山は70座だった。熊本市から九州全体へのアクセスはよく、オールシーズン登れるので、単身赴任の身軽さもあり、公務がない休日を使って九州百名山踏破を達成できた。2015年3月の「送別登山」では、バスを貸し切って大勢の仲間たちと登り、下山後は温泉で汗を流した。市役所、県庁、マスコミ、民間企業まで老若男女が集うまさに異業種交流登山で、改めて登山の楽しさを満喫した。

熊本県の矢筈岳にて
九州百名山を完登

第5章

試行錯誤で前進

2020年１月、消防大学校上級幹部科の卒業式にて

幻となった世界一のタワー構想

北九州市企画局調整課

ナイアガラの滝と八幡製鐵所

１９９１年５月に27歳の若手課長として北九州市に赴任した翌月、私は結婚して新婚旅行で北米を訪れていた。ナイアガラの滝など定番の観光名所を訪れる流れで、カナダ最大の都市トロントにある「ＣＮタワー」に上った。高さ５５３メートルの鉄筋コンクリート製で、当時は世界一の高さを誇っていた。

「こんな高いタワーが北九州市にもできたら、観光客も大勢来るだろうね」

眼下に広がる雄大な景色を眺めながら、私は妻につぶやいた。

当時の北九州市の末吉《すえよし》興一《こういち》市長は、大きなことや新しいことが好きなタイプで「何かでかくて面白いプロジェクトを考えてみてくれ。若いうちは思い切って大きな仕事ができる」と着任早々から発破をかけられていた。

　そこで、新婚旅行から帰った私は考えた。１９０１年に操業を開始した「官営八幡製鐵所《やはたせいてつじょ》」の１００周年記念事業として、世界一の鉄製のタワーを建設してはどうだろうか。

　立地場所は90年４月に開業して年間２００万人の集客があったスペースワールドの隣接地とし、スペースワールドの集客との相乗効果を狙うものとした。洞海湾岸は１９０１年に高炉が建設されただけあって地盤が固く、タワー建設にも有利だ。

　展望室のほかに電波塔としての機能を備えることで、入場料と電波塔使用料の収入を確保するとともに、ＮＴＴ株式の売却益を活用するＮＴＴ－Ｃ型無利子融資の対象施設にすることで、プロジェクトの資金調達面でも有利になる。

　当時の電波塔は、北九州市の中央部に位置する標高６２２メートルの皿倉《さらくら》山の頂上にあり、北九州国定公園の区域内なのに電波塔が山頂に林立し、景観を著しく害していた。電波塔を移設するとなれば皿倉山以上の高さが必要となるので、必然的に高さは世界一になる。

　高さは北九州市にゆかりのある「宮本武蔵」にちなんで６３４メートルにしよう。

　末吉市長にこのアイデアを説明したところ「そうか武蔵タワーか！」と面白がってくれ、世界一のタワー構想の検討を進めることになった。八幡製鐵所の１００周年記念事業として新日本製鐵（略称は新日鐵、現在は日本製鉄）の全面的な協力を得るためにもタワーは鉄構造にすべきだろう。ちなみに、当時日本一の高さ３３３メートルを誇った東京タワーは日建設計と新日鐵が協力して建てたものである。また、北九州市の姉妹都市である中国の大連市にある大連タワーも両社が協力して建設したもので、大連市まで実物を見に行った。

そうだ、東京タワーと同様に日建設計を巻き込むことにしよう。世界一のタワー構想について打診してみると、日建設計も大いに乗り気だった。

私のいた市役所の企画局調整課には、当初は予定していなかったが年度途中に出てきた新しいプロジェクトを推進するための「活性化推進費」という調査費があった。その調査費を使って私が仕掛けたのが、「八幡製鐵所操業100周年を記念して世界一の高さの鉄構造タワーを建てるとしたらどのようなタワーになるか」という社内コンペを日建設計の若手建築士にやってもらい、その中から夢のある案を選んでタワー構想を推進しようというプランだった。

NTT－C型無利子融資の他に日本開発銀行（現在は日本政策投資銀行）の低利融資も活用するため、日本開発銀行福岡支店にも検討メンバーに入ってもらった。

そこで東京タワーの収支構造を調べると鉄塔のさび防止塗装の塗り替えに多大な経費がかかっていることが分かり、できるだけ維持修繕費をかけないために、メンテナンスフリーで整備や保守の手間がかからないよう技術的検討を新日鐵の技術陣に進めてもらった。すると、タワーの建設費が約400億円で、スペースワールドの集客数の半分が展望室に入場するとした上で電波塔使用料の収入も見込めば、十分に採算が合うという試算結果が出た。無利子融資の対象とするためにも、運営主体は新日鐵とともに市役所などの公的機関が出資する第三セクターを想定したが、集客が減少したときのリスクを誰が負うかが問題だった。市役所が安易に赤字を税金で補填《ほてん》するわけにはいかないし、新日鐵の中でも賛成派と反対派がいるようだった。新日鐵も世界一のタワーを建設する技術的意義は認めていたが、スペースワールドの集客に苦労しており、集客面の見通しには慎重だった。

いよいよ実現なるか？

そんな中、ある日突然大手紙の１面に「世界一のタワー構想」の記事が掲載された。慌てて市長室に赴くと意外にも末吉市長は「出てしまったものはしょうがない」と全く驚いた様子がない。さらに「八幡製鐵所の所長も『鉄を大量に使ってくれるので前向きに考えてみたい』とコメントしているじゃないか」と記事が出たのは想定内という感じだった。

ここからが末吉市長らしい動きだ。市役所も新日鐵もある程度の出資はするとしても、事業の採算性について互いにリスクを負うのは避けたいと考えていた。こういう話は創業者が社長をしているような企業にでも持ち込まなければうまく動かない。いくら大企業でもサラリーマン社長ではリスクを取りたがらないものだ。

末吉市長に「大和ハウス（大和ハウス工業）の石橋会長（創業者の石橋信夫氏）に会いに行くからついてこい」と言われ、2人で大阪市に出張することになった。石橋会長に会ってタワー構想の話をすると、「これだけ大きな構造物ならタワーの下にホテルを入れてもいいいな」と前向きな感触だった。さすがに市長が目をつけたオーナー企業の創業者だけあって、大胆な決断で夢のある話に乗ってくれそうな雰囲気だった。大和ハウス工業が第三セクターの主要株主として採算面でのリスクを取ってくれるなら、タワー構想は実現に向けて一気に前進する。

ただ、問題は電波塔使用料をどう見込むかという点だった。石橋会長からも電波塔収入は大丈夫か？ と疑問が呈されていた。テレビ電波はタワー完成の目標だった2001年より2年後の03年から地上デジタル波に順次移行することが決まっていて、アナログ波の電波塔を設置しても、すぐ地上デジタル波の電波塔に切り替えるのでは手戻りになってしまう。また、皿倉山から電波塔を移設した場合、テレビの映りが悪くなる世帯への補償の問題を考えても地デジ化とタイミングを合わせる方が得策だ。

東京にスカイツリー現る

ここから先は、私が東京へ戻ったあとの話になるが、八幡製鐵所操業100周年の2001年完成というスケジュールが、地デジ化との調整を要することになり、そうこうしているうちにスペースワールドの集客数は落ち込み続けた。そして、バブル崩壊で企業の業績が振るわない中、採算性を確保するだけの需要が見込めないという判断になり、世界一のタワー構想は北九州市では日の目を見ることはなかった。

その後、2003年に東京都墨田区に高さ634メートルの電波塔の機能を持つタワーを建設することが決定し、「東京スカイツリー」として世界一高い634メートルのタワー建設が実現したのは、多くの人々が知る通りである。

世界一のタワー構想は集客面で圧倒的に有利な東京に持っていかれてしまったが、北九州市に高さ634メートルのタワーを建設する構想に関わった日建設計や新日鐵の技術者たちが東京スカイツリーの建設にも深く関わっており、世界一の高さを誇るタワーの誕生に多少は貢献ができたかもしれないとひそかに自負している。

634メートル　スペースワールド隣
世界一高い展望タワー
2001年めどに建設構想
北九州市

朝日新聞／1992年4月26日

すべての避難所にパソコンを整備せよ！

北海道総務部財政課

噴火災害、住民に必要な情報はどう届ける？

2000年3月29日に室蘭地方気象台から緊急火山情報が発表され、火山性微動を観察していた北海道大学の岡田《おかだ》弘《ひろむ》教授が、「一両日中に有珠山《うすざん》は噴火する」との見通しを発表した。直後、1万人を超える周辺住民の避難が始まった。

予測通り3月31日午後1時過ぎ、有珠山はマグマ水蒸気爆発が発生し、噴煙は上空3500メートルに達した。

噴火の事前予知によって人的被害は幸いゼロに抑えられたが、最終的にはJR東日本山手線内の約1・5倍もの面積から1万5000人以上の住民が避難し、避難所で不自由な生活を余儀なくされることになった。

私は4月1日付けで北海道庁の総合企画部地域調整課長から総務部財政課長への異動

が決まっていたが、噴火直後から道庁の情報収集・発信の中枢部としての活動が始まった。

例年なら3月には道議会で予算案が可決され、財政課は4月には比較的暇になる。そこに目を付けたのが総務省の先輩でもあった上司の総務部長だった。これだけの大災害が起こると、防災担当部局の職員はできるだけ現地の最前線に出ることが求められ、人手が足りなくなる。そこで総務部長は、避難者の生活支援、復旧・復興など幅広く各部局を通じて情報を収集するには、財政課を中心に各部局の予算経理係の系統を使ったらよいと考えたのだ。

こうして財政課と各部主管課の予算経理係は情報の集約、そして財政課はインターネット等による情報発信も担当することになった。

避難した住民たちにとって食糧、水、毛布などの救援物資や生活必需品はもちろん必要だが、それ以外で特に必要性が高かったのが災害関連情報だ。テレビから流れてくるのは、火口から立ち上る噴煙や飛び散る噴石、陥没した道路や火砕流にのみ込まれる食品工場といった衝撃的な映像が多い。被災者にとって必要な自宅周辺の被災状況、商店等の営業、避難解除の見通しなどの情報は、マスコミからはなかなか得られない状況だった。

しかし避難所の掲示板への張り紙では情報量とスピードに限界がある。

そこで、北海道庁では総務部長の指示の下、テレビ、ラジオ以外に災害関連の最新情報を入手できるようインターネット接続できるパソコンを各避難所に設置することにした。パソコンの調達先、インターネット接続環境の整備、予算措置など多くの課題はあったが、事業者からパソコン提供の申し出などもあった。

40台を超えるパソコンを避難所へ速やかに設置するに当たっては、地元の有志や室蘭工業大学の学生たちの献身的な協力があった。

北海道庁のホームページには災害関連情報を集約し、かつ積極的な情報発信に努めた。民間の有志が立ち上げた「有珠山ネット」も、北海道庁のホームページ以上に情報の収集・発信に大活躍した。すぐに接続できるよう、避難所に設置したパソコンのトップページには北海道庁の災害関連情報と「有珠山ネット」両方のアイコンを並べた。

メーリングリストを駆使し、自らの足で歩いて現場の情報をきめ細やかに集め、迅速かつ的確に被災者へ情報提供する民間ボランティアの活動には目を見張るものがあった。

災害時におけるパソコン整備の効果を実感

有珠山噴火による災害は、おそらく世界で初めて本格的にインターネットで災害関連情報を被災者に提供した事例だったのではないだろうか。

避難所では、好奇心の強い子どもたちがパソコンをよく利用していた。中にはパソコンでゲームをやっていた子どももいたようだが、被災地の子どもたちのＩＴリテラシー、パソコンの習熟度は大いに高まったと思う。

インターネット上の情報の集約・整理には、東京などの被災地から離れた遠隔地のボランティアの力も大きかった。噴火による災害で鉄道や道路といった交通インフラが寸断されたが、有志の方々が被災地域の行政機関等が発信する交通情報などを集約し一覧で見られるサイトをまとめてくれた。被災地の現場に駆けつけることだけがボランティアではないのがインターネット時代の特徴だ。

有珠山噴火に当たって災害対策用のコミュニティＦＭも発足したが、行政機関のホームページや有珠山ネットなどが貴重な情報源になっていた。

政府も道内の伊達市に対策本部を設置し万全の体制で災害対策に臨んだが、災害関連情報の収集・発信については有珠山ネットなど民間の果たす役割も大きかった。マスコミを介さなくても、市民一人ひとりがパソコンを利用してインターネットを活用し、自ら情報を収集して発信できる時代になったことを実感した。

噴火が沈静化した後、家族と一緒に車で現地を見に行ったが、波打ってぐにゃぐにゃの形状となった道路や、火口に崩落しかかった工場の建物など、大地から湧き上がった驚異的な自然の力に圧倒された。これだけの大規模な火山噴火で死者を一人も出さなかったのは、奇跡だと改めて思う。

災害時におけるインターネットの活用は、スマホやＷｉ－Ｆｉ（公衆無線ＬＡＮ）の普及によりさらに進化し、活用範囲が広がっている。

09年の兵庫県西部豪雨災害では、地域ＳＮＳのメンバーが被災箇所の写真に位置情報を付けてアップし、災害情報を共有した。また、熊本市ではＣＩＯ（chief information officer）として観光振興と災害時対応の両面から公衆無線ＬＡＮの整備に積極的に取り組んだが、その後に起こった熊本地震の際にも公衆無線ＬＡＮは避難所における情報共有に大いに役立った。

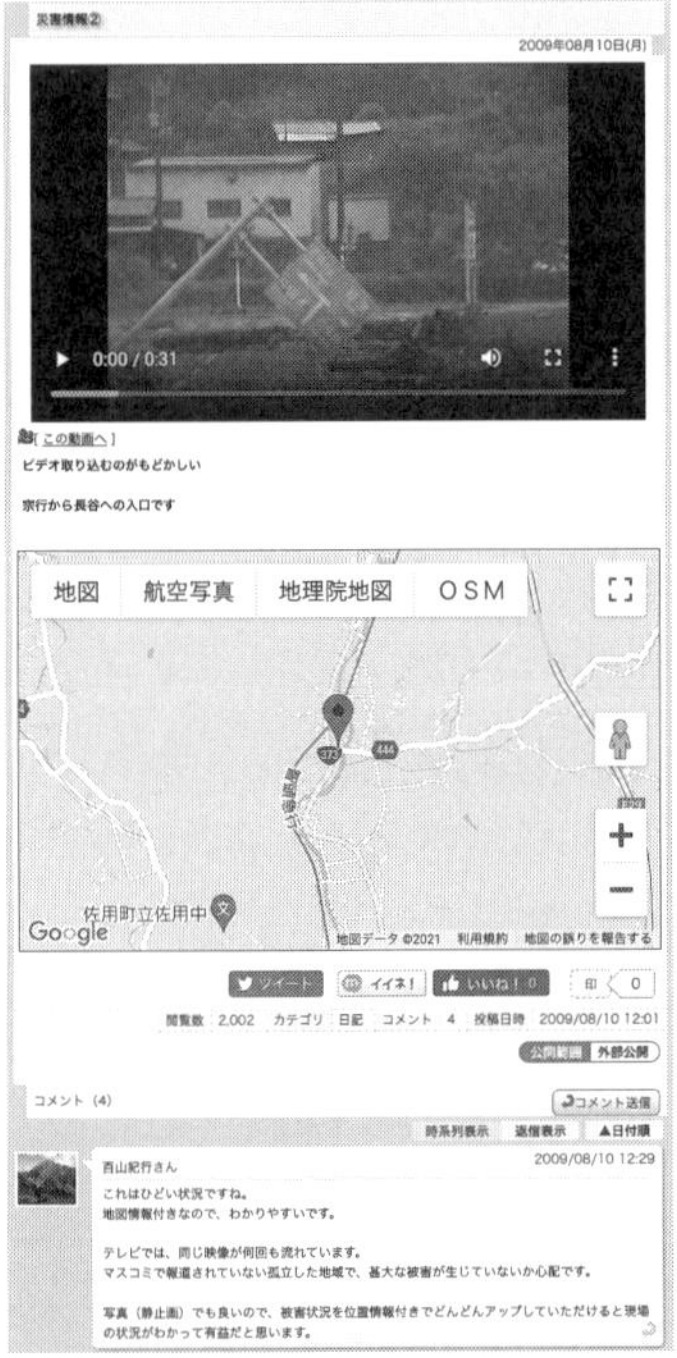

2009年8月の兵庫県西部豪雨災害において地域SNSに投稿された佐用町の被災状況（コメント欄の「百山紀行」は筆者）

有珠山噴火から１年、白い噴煙を上げる有珠山の様子（時事）

2000年５月29日有珠山噴火後に、いたるところで波打っている北海道虻田町泉地区の町道（陸上自衛隊提供／時事）

地域SNSでリアルも充実

総務省自治行政局、兵庫県など

「電子会議室」からSNSへ

2000年代、ミクシィ（mixi）というSNSが若者の間で爆発的に普及した。最盛期には1日1万人のペースで会員数が増加したという。会員は招待制で、私も知人に誘われて参加してみたが、これがなかなか面白かった。自分の書き込みを見られる人を友達限定、友達の友達までといったふうに設定できる。公開範囲を設定できることで、参加者は安心してコミュニケーションを楽しんでいる感じだった。

その頃、私は総務省自治行政局の情報政策企画官として、政府のe－Japan戦略に基づき、住民の意向を反映した地域づくりにインターネットをどう活用するかという政策課題に取り組んでいた。

リアルな会議だと同じ時間に同じ場所に集まる必要があるが、インターネット上の電子会議室なら時間と空間の制約を受けずに住民同士の意見交換も可能となり、住民自治の充実につながると期待したのだ。

全国各地の自治体においても、市民の意見を行政に反映させるため、電子会議室を設置するところが増えていた。しかし、電子会議室では役所がテーマを決めて実名で意見を書き込んでくださいと言っても、まずは閑古鳥が鳴く。匿名を許すと荒れてしまう。比較的うまく運営されていた藤沢市市民電子会議室でも、さまざまな書き込みに対して運営には相当気を遣っていたようだ。

実際、私も北海道で独自のアウトドア資格制度を創設する際、インターネット上に開設した赤レンガ電子会議室に原案を提示したが、現実離れした意見を繰り返し強く主張する人がいると周りの人々が退いてしまい、あまり有益な議論にならなかった苦い経験がある。

ところが、調べていくと熊本県八代市役所が運営する「ごろっとやっちろ」というサイトが電子会議室からＳＮＳに切り替え、市民からのアクセス数が大きく伸びていることが分かった。電子会議室は行政の一方的な情報提供になりがちだったが、ＳＮＳ化することで市民同士の会話が自然に回り始めた。例えば近所を消防車が通る音が聞こえたと書き込みがあると、「どこどこで火事が起こり、まだ鎮火していないらしい」といった情報がＳＮＳで共有される。グルメ情報やイベント情報など、幅広く市民が知りたい情報がSNSの中で活発にやりとりされるようになっていたのだ。

地域SNSであれば、登録した実名が一般に公開されることなくニックネームで気軽に発言することができる一方で、実名が公開されていなくても「トモダチ関係」やプロフィールを見れば、その人がどんな人なのかある程度想像でき、匿名掲示板に付きものの荒らしや無責任な発言が抑制される。

顔の見える井戸端会議のようなSNSを

こうした状況を踏まえて、私は「ICTを活用した地域社会への住民参画のあり方に関する研究会（石井威望座長）」を立ち上げ、東京都千代田区と新潟県長岡市で地域SNSのモデル実証を実施することにした。

千代田区では都心における新たなコミュニティ形成の可能性を探り、中越地震の被災地だった長岡市では、地震や豪雨災害も想定し、日頃から市民が情報を共有するツールとして活用できないかと考えた。

行政が運営する以上、しっかりと本人確認を行い、現実の地域社会における交流を補完するような顔の見える井戸端会議を目指していたので、電子地図上にマーカーをつけて場所を明示し、写真などの情報を紐付ける機能も設けた。これは、実際に災害が起こったときに大いに役立つことになった。

総務省が地域ＳＮＳの活用に乗り出したという話は、マスコミでも大きな反響を呼び、翌年度以降、青森県八戸市、千葉県南房総市、神奈川県横浜市、静岡県掛川市、京都府宇治市、島根県松江市、広島県尾道市など全国約30の自治体で地域ＳＮＳモデル事業を展開することになった。

その後、私は06年に赴任した兵庫県で、地域ＳＮＳ「ひょこむ」の立ち上げを支援した。

「ひょこむ」は実名登録制、完全招待制に加え、友人を招待したメンバーを後見人として表示し、新たに参加した人の信頼性を担保する「後見人制」も取り入れた。ミクシィのように匿名を許容する巨大なＳＮＳでは人の顔が見えないので、個人情報の暴露や中傷など問題も起こるが、地域に実在するメンバーによる顔の見える地域ＳＮＳでは、安心してコミュニケーションを楽しめる。日頃は散歩したり子どもを遊ばせたりするが、いざ災害というときは避難場所になる公園のようなイメージだ。実際、「ひょこむ」では会員数が１０００人を超えたあたりで風俗営業への勧誘のような書き込みをする会員が現れたが、地域に実在する「後見人」に確認して退会してもらった。やはり、実名で登録しているとなると悪いことはできないものだ。

さらに私が考えたのは、各地域がたこつぼのように閉じた世界をつくることなく、横の連携を図る仕組みだ。地域ごとにメンバーの顔が見えるＳＮＳコミュニティ内は信頼性の高い空間だ。そうした安心安全な地域ＳＮＳ同士をお互い信頼できるキーパーソンを橋渡し役としてクラスター状につないでいくことで、全体として安心して情報共有できる世界を創出できないかと考えたのだ。姿も見えない盗賊が跋扈《ばっこ》するサイバー砂漠において、城壁に囲まれた緑のオアシスを安全な道でつなぐイメージだ。そこで、インターネット上には外部公開せずに、信頼できる地域ＳＮＳ同士をつないで情報交換できる地域ＳＮＳ間連携ＡＰＩシステムが開発された。

一方、総務省の地域ＳＮＳモデル事業を全国展開する中で、各地の地域ＳＮＳメンバーがリアルに会える機会をつくろうという気運が高まった。そこで、07年に兵庫県公館で第１回「地域ＳＮＳ全国フォーラム」を開催。会場は当初想定の３００人を大幅に上回る約５５０人の参加者で熱気にあふれた。こうしてリアルとオンラインで地域ＳＮＳ同士の連携が深まり、その後、フォーラムは年２回のペースで14回開かれ、全国に交流の輪が広がった。

豪雨災害で発揮されたネットワークの力

地域ＳＮＳのネットワークは09年、兵庫県佐用町、宍粟《しそう》市などを台風による豪雨が襲い、死者・行方不明者が22人に及んだ兵庫県西部豪雨災害で生かされた。

交通や電話網が途絶して集落が孤立したが、その住民の安否が地域SNSへの書き込みで初めて確認された。豪雨災害の翌朝、上空は晴天なのに朝霧で地上の様子がヘリでも確認しづらい中、地域に住むメンバーが被災箇所の写真や動画を位置情報付きで地域SNSに投稿した。電子地図にマーカーを付けて撮った場所を明示して写真をアップするという操作は、イベントやグルメ情報などで手慣れたものだ。日ごろ使い慣れたツールがいざというとき、安否確認や効果的な災害復旧の情報として役立つことが実証された。

また、被災地の復興支援の段階でも、地域SNSのネットワークが生きた。豪雨災害で浸水した家屋の泥をかき出すためには、吸水性の良い古タオルが重宝する。どこの家にも使い古されたタオルはあり、誰でも気軽に支援活動に参加できるというメリットもあった。地域SNS「ひょこむ」から全国の地域SNS仲間に呼び掛けたところ、2万6000枚を超える古タオルが集まった。

東日本大震災では「村つぎ」で学用品支援

2011年の東日本大震災が起こったとき、私は総務省行政管理局に勤務していた。

未曾有の大災害に、地域ＳＮＳの全国的なネットワークで何か被災地支援ができないかと模索した。

被災地の岩手県盛岡市には、地域ＳＮＳ「モリオネット」があった。地震発生直後から、メンバー有志によって各種の情報の蓄積、整理、構造化が試みられ、ＳＮＳ外部からの閲覧者も多かった。全国各地の地域ＳＮＳ上でも、何か具体的に被災地を支援できないかという声が数多く上がっていた。

食料や衣服など生活必需品なら行政による支援もあるだろう。地元にとって有意義で全国の仲間から無理なく集められるものとしてどのような支援がふさわしいか。

「モリオネット」で集中的に意見交換が行われた結果、被災地の子どもたちのために学用品を集めてはどうかという案がメンバーの大学教員などから浮上した。さっそく3月17日には「学び応援プロジェクト」が立ち上げられ、全国の地域ＳＮＳの仲間たちに呼び掛けが行われた。これに賛同した兵庫や尾道、春日井、宇治、掛川、葛飾など全国約20の地域ＳＮＳが連携して、各地で集めた支援物資を「モリオネット」が準備した保管場所に集約し、被災地まで送り届けることとなったのだ。

物資を早く、確実に届けるために出てきたアイデアは「村つぎ」と、いわれるリレー方式だった。広島県尾道市の地域ＳＮＳ「おのみっち」のメンバーが集めた学用品を積んで４月６日に出発したトラックは、まずは翌７日に尾道市から姫路にある「ひょこむ」

事務局に到着。兵庫県内の伊丹、三田《さんだ》、佐用、宍粟《しそう》などのメンバーから集められた学用品を積み込んで、８日午前中に愛知県春日井市の地域ＳＮＳ「愛っち！」、８日午後に静岡県掛川市の地域ＳＮＳ「ｅ－じゃん掛川」の事務局を経由して９日夜には東京都葛飾区の地域ＳＮＳ「かちねっと」へ引き継がれた。その出発式には、私も霞が関から駆けつけた。

そして学用品を満載したトラックは９日午前10時、盛岡の岩手大学に到着した。こうして広島から兵庫、愛知、静岡、東京の地域ＳＮＳ事務局を経由して盛岡まで、荷物を積み増しながら引き渡していく「村つぎ」が実現。最終的に「モリオネット」のメンバーや県内の学生などのボランティアによる仕分け作業の上、岩手県庁や陸前高田市、釜石市まで直接届けられた。

ＳＮＳ仲間のおかげで実家の農園も再生

地域ＳＮＳは２０１０年のピーク時には全国で５１９を数えた。その後、実名登録で利便性の高いＦａｃｅｂｏｏｋなどのＳＮＳに利用者が流れたこともあって、18年には１５０程度まで減少している。そんな中で兵庫の地域ＳＮＳ「ひょこむ」は今でも定期的にメンバーが集うオフ会を開催しており、年々会員数が増えて現在６８００人を超える会員がいる。

私自身、地域ＳＮＳのおかげで大変助かっているのが、父から相続した農地と里山の管理だ。母がサービス付き高齢者向け住宅に入居して空き家になってしまった実家の前には、広さ10アールほどの農地がある。放置すれば草ぼうぼうの耕作放棄地になりかねない。しかし、「ひょこむ」を運営するＮＰＯ法人の拠点は、ちょうど私の姫路の実家から歩いて10分余りのところ。その仲間たちのおかげで、今は無農薬で野菜や果物を育てる実り豊かな農園となっている。

無農薬栽培は試行錯誤の連続だ。チョウが舞う農園は美しい風景だが、卵がふ化して青虫の餌食となってキャベツが全滅。防虫ネットで覆っても今度はナメクジが地面から這い上がってくる。それでもびっくりするほどの豊作に恵まれることがあり、無農薬で育てた野菜や果物の味わいは格別だ。立派な野菜を育てるには土づくりが大切だということも分かってくる。私も１、２カ月に一度は帰省して収穫や苗の植え付け、トラクターをかけるなどの農作業に加わっていたが、コロナ禍でしばらく帰省を自粛。久しぶりに帰ったときは農園のシンボルツリーとなっている大きな杏の木陰で「収穫祭」を開催。農園で採れた無農薬野菜が入ったカレーやスイカ、メロン、ブルーベリーなど新鮮な無農薬栽培の果物を仲間たちと味わった。

山頂から姫路城や市街地を一望できる里山は、春には樹齢百年を超える大山桜が満開となり、姫路駅から１駅の播磨高岡駅から徒歩５分のところにある貴重な緑の森だ。この里山で仲間たちと下草を刈り払って花見広場を整備し、タケノコを収穫したり、原木でシイタケを栽培したりしている。先祖から相続した山や畑を活用してこのような地域活動を展開できるのも、地域ＳＮＳ仲間のつながりがあったからこそと感謝している。

　地域でのリアルな活動をバックに、人のつながりがＳＮＳのネットワークでさらに深まることを自らの体験としても強く実感している。

地域SNS「ひょこむ」のメンバーと実家の農園で野菜や果物を無農薬で育てたり、里山でシイタケを原木栽培したりしている

休校か、開講か？

総務省消防大学校

新型コロナ感染拡大、求められる決断

「校長、3月に開始予定だった学科はすべて中止にしましょう。ご判断いただけたら、すぐに対応します」

消防大学校の副校長から公用携帯に電話があったのは、2020年2月27日の夜のことだった。

新型コロナウイルスの感染拡大により、その日に予定されていた夜の懇親会も中止になっていた。家に帰る電車の中でスマホを見ていたら、安倍晋三総理大臣が全国の小中学校を臨時休校にするよう要請したというニュースが目に飛び込んできた。帰宅してニュース番組を見ると、一斉休校の報道一色だった。

私が校長を務める消防大学校では、翌日の2月28日に卒業する予防科の学生たちを送

り出した後、３月２日以降に新任教官科、現任教官科、高度救助・特別高度救助コースの開講を予定していた。

全国の小中高校をすべて休校にしなければならない状況なら、消防大学校も全面的に休校という判断を下さなければならないかもしれない。

しかし、それぞれの学科ごとに事情があり、消防大学校全学科を一律に中止と判断できない背景があった。例えば今回は全面的に休校にしても、現任教官科は各都道府県の消防学校ですでに指導・教育に当たっている教官を対象としたレベルアップのための研修であり、翌年度にも受講のチャンスはある。また、高度救助・特別高度救助コースについても、コロナ禍が収束してから受講すればよい。

しかし新任教官科はそうはいかない。新任教官科は、消防本部の現場で勤務する消防職員が、４月から各都道府県の消防学校で教壇に立つために欠かせない教育訓練を実施する。わが国における消防幹部の最高教育訓練機関である消防大学校において、２週間にわたる厳しい研修を経て、消防大学校の卒業生として新年度から教壇に立つはずだった新任教官科の学生たち。現場の消防本部に勤務している彼らを消防大学校で学ぶこともなく、準備不足のままいきなり消防学校の教壇に立たせてよいものか。新任教官科だけは、受講を延期して次の機会にすればよいという話にはならない。

そこで私は次のように指示した。新任教官科以外の研修については、次の受講機会もあるため中止とする。東京にある消防大学校に全国各地から学生を集め、2週間にわたる相部屋の寮生活を経て、地元の消防本部や消防学校に戻すとなると感染拡大をもたらす恐れがあるからだ。しかし新任教官科については、新型コロナウイルスの感染対策を講じた上で、何とか教育訓練を実施する方策はないか検討すること。さらに実施する場合の案と合わせて、中止する案も並行してメリット・デメリットを比較検討すること。

その判断を下した背景には、全国の小中高校の一斉休校という措置は「本当に科学的な裏付けがあるのか。ショック療法的な政治判断ではないのか」と感じていたことがあった。大学や保育園に対しては、政府から一斉休校の要請は出されておらず、警察大学校や税務大学校といった他の省庁大学校も粛々と授業を続行していた。

新型コロナウイルスについては、当初は横浜港に入港したクルーズ船ダイヤモンドプリンセス号などに限られた問題だというのが一般的な受け止め方だった。全寮制の消防大学校自体を閉鎖するほど感染リスクが高まっているという認識は私にはなかったが、安全を考慮して2月下旬に学生たちが予定していた屋形船の宴会は開催中止となった。卒業していく幹部科の学生たちが、学生生活の最後に楽しみにしていた催しであったが、さすがは危機管理を担う消防幹部。開催中止は学生たちの自主的な判断だった。

武漢からの帰国者一時滞在施設に？

消防大学校として新型コロナウイルスについて初めて関わったのが、内閣府からの問い合わせだ。中国の武漢からチャーター便で帰国した邦人を隔離して経過観察するための一時滞在施設として、学生寮を使用させてもらえないかということだった。20年2月の時点では、予防科のほか、幹部科、緊急消防援助隊教育科などの学生たちがまだ入寮していた。消防大学校の寮は大半が相部屋で浴室トイレも共同であると回答したところ、一時滞在の対象施設の候補からあっさり除外されたようだった。学生寮が浴室トイレ付きの個室だった自治大学校などは、研修を中断して学生たちを退寮させ、新型コロナウイルス感染の要経過観察者を受け入れる準備を進めていた。

余談ながら、この件に関するメディア対応について少し触れておきたい。千葉県勝浦市の「勝浦ホテル三日月」などの民間宿泊施設だけでは、中国・武漢からの帰国者の一時滞在への個室対応が困難なため、国の研修施設が所有する寮の活用が一時滞在施設として進められていた。

こうした状況の中でテレビのニュースにおいて、総務省所管の研修施設の寮でも帰国者の一時受け入れを検討していると報道された際に、その代表例として消防大学校が挙げられたのだ。総務省所管の研修施設の中で、消防大学校の方が自治大学校や情報通信政策研修所より、世間一般に分かりやすいと思われたためだろうか。

報道を受けて、消防大学校には多くの問い合わせが寄せられた。入寮している学生の派遣元消防本部や家族からは、研修は継続できるのかとの照会があった。消防大学校がもし一時滞在施設として経過観察者を受け入れるなら、何か協力できることはないかという周辺住民の方からの温かい電話もあった。

しかし、電話対応が大学校の職員への負担となった。そこで私から総務本省に対し、記者から質問を受けても、一時滞在施設の候補となる省所管の研修施設の例として、消防大学校の名前を挙げるのはやめてほしいと申し入れた。先に述べた通り、大半が相部屋・浴室トイレ共同という消防大学校の寮で、帰国者を受け入れる可能性は事実上なかったからだ。以降、帰国者の一時滞在施設に関する消防大学校への問い合わせはなくなった。

1人の感染者も出さない

2月28日に時を戻そう。

午前中に予防科の卒業式を終えた後、校長室に幹部職員を集めた。新任教官科の学生だけなら全員を個室に安心して入寮させることができる。一番広い教室を使用すれば、「３密（密閉、密集、密接）」の状態を避けて、２メートル以上の対人距離を保ったソーシャルディスタンスを十分に確保できる。マスクや消毒液などの備蓄も十分な量があった。研修期間中の食事については外出禁止としても、朝、昼、夜の１日３食は寮の食堂で対応できた。

４月から新しく消防学校の教官になる入校予定者に、ぜひ消防大学校の卒業生として自信を持って教壇に立ってほしい。全国各地の消防学校の教官育成は消防大学校の重要な使命であり、その使命を果たす上でも新任教官科だけは、リスク回避の風潮に流されて安易に休校にはしたくない。校長として強くそう思っていた。

消防大学校では幸いにして、パソコンを使ってオンラインで学習を進めるeラーニングの授業科目が充実しており、教育技法などの講義で知識を得る科目はそれでも代替できる。しかし、実際にコンテナの中で火災を体験して対処法を学ぶ訓練などは、オンラインでは代替できない。何より、全寮制の研修で同じ釜の飯を食って親睦・交流を深めることで、全国各地の消防学校の教官同士で同期としての人的ネットワークを構築することが、その後の職務に大いに役に立つという思いもあった。

幹部職員らを校長室に集めて侃侃諤諤《かんかんがくがく》の議論を繰り広げ、感染リスクを懸念する強い意見がある中で得られた結論は、次の通りだ。

まずは、eラーニングにより講義の代替措置を講じること。そして、首相が2月27日に瀬戸際と発言した27日からの1、2週間で、多くの国民が自粛することにより状況が好転すれば、3月下旬にeラーニングではカバーできない短期の実践的なスクーリングを実施し、卒業証書を授与できるよう検討すること。方針は固まった。議論はいろいろあってもしこりを残さず、決断が下れば教職員が一致団結して最善を尽くすのが、消防大学校の良き伝統だ。

3月20日からの3連休前には、新型コロナウイルスの感染者数の状況は幸い小康状態となった。当初の予定通り1泊2日の短期スクーリングの実施を決定。ウイルス感染対策を講じた新しい生活様式で教育訓練を実施し、卒業式では4月から全国各地の消防学校で教壇に立つ学生たちに卒業証書を渡すことができた。

その後、再度の新型コロナウイルス感染拡大により、消防大学校では4月から開講予定だった学科などは休止・延期等の措置を講じた。地元である東京都の調布市と三鷹市には、学校の対処方針と現況を随時説明して、十分な理解が得られるよう努めた。

一方、他の研修機関の中には、漫然と研修を続行して地元自治体などから批判を招き、在宅研修への切り替えを余儀なくされたり、研修を再開したものの感染者を出して校内での授業を中断したりする例も見受けられた。

学校での授業を休止・延期した後、新型コロナウイルス感染拡大防止のため、出勤は

消防大学校の全科点検にて

最低限必要な教職員に絞り込み、７割の教職員を在宅によるテレワークとした。この間に私も40人近い教職員の面談を自宅からオンラインで実施した。５月に入って政府による緊急事態宣言が延長された際は、６月３日から開講予定だった警防科と火災調査科についても秋以降に延期した。

幸い５月中に緊急事態宣言が解除され、都内の小中高校の開校状況も踏まえて、消防大学校では６月15日から幹部科、そして同月23日から危険物科の学生を受け入れ、授業を再開することができた。その後、適切な感染防止対策により１人の感染者も出すことなく、７月末までに研修を終えた学生たちは無事に卒業していった。原則として外出が禁止されるような制約の多い条件の下で、教育訓練に切磋琢磨された学生の皆さん、感染防止対策に尽力した教職員の皆さんに心から感謝したい。

20年７月、私は消防大学校長を最後に退官し、34年余りの公務員人生を終えた。

Column

落雷遭遇からの生還

山に登っていて一番怖いのが雷だ。登山中に熊に襲われるより雷に打たれて死ぬ人の方が多い。

雷といえば、間近に雷が落ちて生きた心地がしなかった体験がある。小学校4年生の頃、自宅からほど近い雑木林で遊んでいたある日、急に大粒の雨が降り出した。慌てて自転車で家に向かっていたら、ドーンと稲妻の爆音と眩《まばゆ》い光に襲われた。一瞬、やられたかと思ったが、体を触ると幸い無傷のようだ。翌日、落雷の現場を見に行ったら、道路脇の大きな杉の木がバッサリ切り倒されていた。雷の怖さが心底身に染みた。

それから30年以上経ってから、登山中に落雷に遭遇した。せっかく富山まで来たのだからと欲張ったのが良くなかったかもしれない。午前中に金剛堂山、午後から白木峰に登ったところ、上昇気流で雷雲が発生し、遠くでゴロゴロと雷も鳴り出した。高層湿原が広がる山頂から下山しかけた時、突然ドーンと近くに雷が落ちた。まずは窪地に体を伏せて待機したが、じっとしていても雨に濡れるばかりだ。ここでハタと気がついた。雷は一度落ちると、次の落雷エネルギーが貯まるまでに一定の帯電時間が必要だ。そこで近くに雷が落ちた直後に「ダルマさんが転んだ」の要領でバーッと走っては身を屈め、また近くで雷が鳴ると走るということを繰り返し、やっとの思いで山腹の安全な樹林帯に逃げ込むことができた。冷や汗をかきながらも試行錯誤で切り抜けた思い出だ。

おわりに―日本三百名山を完登

もともと私は、学生時代はテナーサックスを吹く音楽人間でしたが、自治省に入って全国各地を転勤する中で、大自然を体感できる山登りに魅せられました。北九州市で初めて登山靴を買い、島根県では県内百山に登り、北海道では日本山岳会に入会して北海道百名山も踏破。兵庫県では登った山々から「ふるさと兵庫百山」を選定し、熊本市では九州百名山を完登することもできました。私にとって、自分の足で全国各地の山々に登ることは仕事のアイデアや活力の源泉。何より山仲間の輪が広がることが大きな喜びでした。

日本三百名山の中には登山道がなく、沢登りか積雪期に登るしかない山がいくつもあり、火山活動が収まるまで何年も待たされた山もあります。2012年10月には、日本三百名山の完登まで残すところ会津朝日岳あと一座に迫りましたが、その前年の豪雨災害で登山口に至る道路が寸断され、最後の一座に登れない状態が続いていました。

当時の福島県副知事は自治省入省同期で私たち夫婦の結婚式の司会もしてくれた内堀雅雄君。彼に会津朝日岳がいつ登れるようになるか尋ねたところ、東日本大震災で大きな被害を受けた生活インフラの復旧が優先で、登山客のための道路整備は後回しにせざるを得ないとのこと。山は逃げることもないので、気長に待つことにしました。

そして2015年4月に熊本から東京へ戻って状況を聞いてみると、今シーズンには会津朝日岳にも登れるよう道路の復旧工事を進めているとのことでした。

その頃、国会では「山の日」を国民の休日と定める法律が成立し、翌年の8月11日から休日になることが決まっていました。それまでも270座目、290座目といったキリ番の三百名山は、家族旅行に合わせて登っていました。せっかくなら「山の日」に家族一緒に完登を祝おう！　まだ休日になっていませんでしたが、休暇をとって2015年8月11日に最後の一座に挑戦することにしました。

そして8月11日、登り始めは霧に覆われていましたが、登るにつれてだんだん霧が晴れ、山頂に近づくと360度の大展望が広がりました。ついに日本三百名山の完登を果たし、娘たち手作りの横断幕を広げて会津朝日岳山頂にて記念撮影。その達成感はじわっと心の底から湧き上がる格別のものでした。

さて、この本のカバー写真には、青い空と白い雲、そして草原の丘を緩やかに登る一本の道が続いていますが、その先にあるものは何だと思われますか？

それは利根川源流にある水源の碑。そこから大河の一滴が流れ始めます。

私たちの命をつなぐ「水」。それは緑豊かな山からもたらされる恵みです。

この写真は、水資源機構の仲間と利根川源流の山に登ったときに撮ったものですが、自然豊かな山があるからこそ、私たちの生活が成り立っていることを改めて認識させてくれます。

新型コロナウイルス感染拡大のため、総務省を退職後に楽しみにしていたアフリカ大陸の最高峰キリマンジャロの登山ツアーも中止となり、外出自粛の生活で執筆活動に専念することとなりました。こうして34年余りの公務員生活で経験したことが単行本として形になったことは感無量です。内容的には本人の記憶に基づいて書き連ねたので必ずしも正確でない部分があるかもしれませんが、私の目に映ったひとつの物語としてご容赦ください。そして、本書に盛り込めなかった面白い話もたくさんあるので、もう少し聞いてみたいと思われる方があれば、講演等でお話ししますので講師としてお声掛けいただければ喜びます。

本書の出版に当たってお世話になった時事通信出版局の坂本建一郎出版事業部長、舟川修一編集委員、井上瑶子さん、そして霞が関、奈良県、北九州市、島根県、北海道、兵庫県、熊本市をはじめ全国各地で出逢った多くの方々、そして家族にも改めて心から感謝の意を表します。

２０２１年４月　牧 慎太郎

「山族公務員」経歴

1986年3月	東京大学法学部 卒業
1986年4月	自治省 入省
1986年7月	奈良県 総務部 地方課
1988年8月	自治省 消防庁 総務課
1989年4月	自治省 財政局 調整室
1991年5月	北九州市 企画局 調整課長
1994年4月	通商産業省 基礎産業局 総務課長補佐
1995年4月	島根県 商工労働部 企業振興課長
1996年4月	島根県 総務部 財政課長
1998年4月	自治省 税務局 企画課長補佐
1999年5月	北海道 総合企画部 地域調整課長
2000年4月	北海道 総務部 財政課長
2002年4月	総務省 情報通信政策局 地域通信振興課企画官
2002年8月	総務省 情報通信政策局 地方情報化推進室長
2003年8月	総務省 自治行政局 自治政策課 情報政策企画官
2004年9月	内閣府 企画官（「日本21世紀ビジョン」専門調査会 生活・地域WG委員）併任
2006年4月	兵庫県 県民政策部 政策局長
2007年4月	兵庫県 企画管理部長
2008年4月	兵庫県 企画県民部長
2010年4月	総務省 行政管理局管理官（文部科学、法務省等担当）
2011年7月	総務省 地域力創造グループ 地域自立応援課長
2013年4月	熊本市 副市長
2015年6月	地域活性化センター 事務局長
2015年10月	水資源機構 理事 総務人事本部長
2017年10月	市町村職員中央研修所（市町村アカデミー）副学長
2019年7月	総務省 消防大学校長

牧慎太郎ホームページアドレス　https://maki13378.jimdofree.com/

制作協力　関口威人
　　　　　橋本謙蔵
　　　　　坂　勇人
校正　　　トップキャット

【著者紹介】

牧 慎太郎（まき・しんたろう）

1964年生まれ、兵庫県出身。

1986年東京大学法学部卒業後、自治省入省。総務省では情報通信政策局地方情報化推進室長や自治行政局情報政策企画官として情報政策を担当するとともに、行政管理局管理官、地域力創造グループ地域自立応援課長、消防大学校長を歴任。また、奈良県、北九州市、島根県、北海道、兵庫県、熊本市など地方勤務も数多く経験し、赴任地の山々を踏破したほか、日本三百名山も完登。現在、総務省地域力創造アドバイザー、自治大学校客員教授、日本山岳会会員。

山族公務員《さんぞくこうむいん》の流儀《りゅうぎ》

2021年6月10日　初版発行

著　者：牧 慎太郎
発行者：武部 隆
発行所：株式会社時事通信出版局
発　売：株式会社時事通信社
〒104-8178　東京都中央区銀座5-15-8
電話03（5565）2155　https://bookpub.jiji.com/

装幀　Tokyo 100millibar Studio（松田剛）
本文DTP　一企画
編集担当　井上瑶子、坂本建一郎
印刷／製本　日経印刷株式会社

ISBN978-4-7887-1750-3 C0036 Printed in Japan